A REVOLUÇÃO DE 1930

BORIS FAUSTO

A REVOLUÇÃO DE 1930
Historiografia e história

16ª edição
revista e ampliada
8ª reimpressão

COMPANHIA DAS LETRAS

Copyright © 1970 by Boris Fausto

Grafia atualizada segundo o Acordo Ortográfico da Língua Portuguesa de 1990, que entrou em vigor no Brasil em 2009.

Capa:
Ettore Bottini
sobre "Comemoração da vitória da Revolução de 1930 na av. Rio Branco, Rio de Janeiro", foto publicada em *Um retrato de São Paulo na imprensa oficial (1891-1994)*, IMESP, 1994. Apesar dos esforços feitos, não foi possível identificar o autor da foto.

Revisão:
Ana Maria Barbosa
Beatriz Moreira

Dados Internacionais de Catalogação na Publicação (CIP)
(Câmara Brasileira do Livro, SP, Brasil)

Fausto, Boris, 1930-
A revolução de 1930 : historiografia e história / Boris Fausto. — São Paulo: Companhia das Letras, 1997.

Bibliografia.
ISBN 978-85-7164-713-8

1. Brasil — História — Revolução, 1930 I. Título.

97-4262   CDD-981.061

Índice para catálogo sistemático:
1. Revolução de 1930 : Brasil : História 981.061

Todos os direitos desta edição reservados à
EDITORA SCHWARCZ S.A.
Rua Bandeira Paulista, 702, cj. 32
04532-002 — São Paulo — SP
Telefone: (11) 3707-3500
www.companhiadasletras.com.br
www.blogdacompanhia.com.br

SUMÁRIO

Introdução 7
Prefácio à edição de 1997 11

1. Burguesia industrial e Revolução de 1930 29
   As teorias dualistas: política e historiografia 29
   A indústria na década de 1920 36
   A fração de classe e sua intervenção no episódio revolucionário 41
   O Partido Democrático de São Paulo e a indústria 49
   As cisões gaúcha e mineira 56
   Ideologia da Aliança Liberal 62
   O Estado como representante da burguesia industrial... 65

2. Revolução de 1930 e classes médias 74
   Historiografia 74
   As classes médias na década de 1920 76
   Classes médias e tenentismo 80
   O tenentismo enquanto movimento de rebeldia 80
   Os tenentes no governo 93
   Autonomia política e classes médias 107

3. A "derrubada" das oligarquias 116
   A crise dos anos 1920 122

O Estado de compromisso 136

Conclusão 149
Fontes citadas 153
Bibliografia 155
Sobre o autor 159

INTRODUÇÃO

Este livro nasceu da intenção de contribuir, através da análise de um episódio significativo, para o esforço de revisão histórica da Primeira República que procura mostrar a inconsistência de um modelo corrente.

Os elementos centrais desse modelo podem ser assim resumidos: na formação social do país existiria uma contradição básica entre o setor agrário exportador, representado pelo latifúndio semifeudal associado ao imperialismo, e os interesses voltados para o mercado interno, representados pela "burguesia". As disputas da Primeira República explicar-se-iam, em última análise, por essa oposição, com as classes médias, identificadas com os movimentos militares, assumindo o papel de vanguarda das reivindicações burguesas.

A proclamação da República corresponderia a uma aliança precária entre uma fração da "classe senhorial" e as classes médias, em aberta luta no governo de Floriano Peixoto, "típico representante" destas. A ascensão de Prudente de Morais ao poder marcaria o início do domínio incontestável do latifúndio, sob a égide da fração da "classe senhorial" ligada ao café. A crise do sistema, que se abre na década de 1920, estaria referida à pressão burguesa, cujos interesses se voltavam para o mercado interno; os movimentos militares da época representariam as reivindicações das classes médias, como vanguarda desses interesses.

A crítica do que é subjacente ao modelo — a teoria do dualismo das sociedades dependentes latino-americanas — já se encontra em grande parte formulada nos trabalhos de Andrew Gunder Frank, Caio Prado Júnior, Rodolfo Stavenhagen e outros autores. Menos estruturado, e sujeito ainda a comprovação, está o novo esquema explicativo da Primeira República que vem se contrapor à versão até aqui consagrada. Esse esquema se afirma, a princípio, como negativa: inexistência de contradições antagônicas entre setor capitalista exportador e de mercado interno; impossibilidade de se reduzir uma instituição como o Exército às classes médias; necessidade de relativizar a noção de que o setor agrário exportador está associado ao imperialismo.*

Escolhi o movimento revolucionário de 1930 como objeto de análise porque me pareceu estratégico no sentido de fornecer elementos para demonstrar a inconsistência do modelo consagrado e para se propor outro tipo de explicação. Isso, por duas razões essenciais: primeiro, trata-se do episódio que põe fim à República Velha, e a oposição fundamental latifúndio/burguesia — se verdadeira — aí estaria presente em toda a sua extensão; segundo, o tenentismo desempenha nele um papel importante, e as insurreições tenentistas, mais do que qualquer outro movimento militar, têm sido reduzidas à ação política das classes médias.

Pretendi comprovar apenas algumas hipóteses do novo modelo, diretamente em jogo na análise proposta. Por exemplo, a tese da associação latifúndio/imperialismo só é discutida de passagem, na sua transfiguração ideológica, quando examino as formulações do movimento comunista dos anos 1920 e princípio dos 1930. Nelas se encontra a noção simplista que transforma a dinâmica das forças internas em um epifenômeno das contradições imperialistas (capitalismo inglês/capitalismo americano).

A explicação, portanto, fixa-se no episódio de 1930, lidando com os temas burguesia industrial/revolução; classes médias (tenentismo)/revolução. Só indiretamente, e de modo insufi-

(*) Uma primeira tentativa nesse sentido é o artigo de Paula Beiguelman — "A propósito de uma interpretação da história da República", *Revista Civilização Brasileira*, nº 9/10 (setembro/novembro, 1966), pp. 247-63.

ciente, se irradia como tentativa de compreensão de toda a Primeira República.

É preciso ressaltar que nossa historiografia está ainda longe de alcançar esse último objetivo, na dependência não só de uma formulação teórica em vias de se estruturar, como de uma cuidadosa pesquisa, apenas esboçada. O estudo comparativo da história dos demais países sul-americanos, praticamente ignorada entre nós, contribuiria para esclarecer o que há de geral e de específico na relação metrópole mundial/satélite, comum a todos eles, possibilitando o melhor exame do tipo de dependência existente nos primeiros trinta anos deste século e dos vários reajustamentos vinculados à crise de 1929.

Por outro lado, no plano interno, há inúmeros problemas em aberto — fricções entre grupos cafeeiros, opções da política financeira, papel de certos setores pouco estudados, como o grande comércio importador etc. —, cuja elucidação é necessária para se romper o círculo de constatações verdadeiras, mas insuficientes pela sua generalidade, do tipo "Estado representante da burguesia do café", "país dominado pelas oligarquias".

Na análise da Revolução de 1930 parti de duas linhas principais que se cristalizaram na historiografia brasileira, procurando apreender seu sentido mais profundo: uma sintetiza o episódio revolucionário em termos de ascensão ao poder da burguesia industrial; outra o define como revolução das classes médias. De certo modo, as duas versões se relacionam com o modelo que procuro criticar. A primeira integra todos os seus elementos e com ele se identifica; a segunda implica a associação classes médias/tenentismo e, ao menos em certas formulações, refere-se ambiguamente ao que é subjacente ao modelo, isto é, a tese dualista.*

(*) É o caso, por exemplo, desta passagem de Celso Furtado: "O conflito estrutural entre a classe oligárquica, que pretendia conservar o monopólio do poder, e os grupos médios urbanos, que aí desejavam chegar, marcará a vida política do país durante o período que vai de 1890 a 1930: de um lado, a aliança dos grupos semifeudais, controlando as regiões mais atrasadas, com a nova classe agrícola e exportadora que manipula o governo em proveito próprio; de

O novo tipo de explicação aparece como resposta a essas interpretações, sem eliminar certo grau de verdade que nelas existe e sem pretender partir do marco zero. Pelo contrário, muitas vezes busquei apenas sistematizar e, em alguns aspectos, rever observações já elaboradas, como as de Francisco Weffort, indicando a impossibilidade de se estabelecerem vínculos entre a Revolução de 1930 e a burguesia industrial.

Embora os anos mais recentes não entrem nessa discussão, gostaria de lembrar, afinal, que as versões historiográficas objeto da crítica têm uma projeção nas opções políticas de um passado próximo. Certas análises ideológicas, tão férteis na década de 1950 e nos primeiros anos da década atual, deitam raízes nessas concepções. Como as duras lições de história rompem mais lentamente do que se imagina uma carapaça ideológica formada ao longo do tempo, talvez este trabalho possa contribuir, indiretamente, para o processo de ruptura.

B. F.
novembro de 1969

---

outro, as classes médias urbanas, em rápida expansão, imbuídas de ideias liberais, buscando formas de vida moderna". Celso Furtado, "De l'oligarchie à l'État militaire", *Les Temps Modernes*, nº 257 (outubro, 1967), p. 585.

PREFÁCIO À EDIÇÃO DE 1997

Quase trinta anos decorreram desde a primeira edição deste pequeno livro que, continuamente reeditado, teve uma trajetória feliz.

Na oportunidade de seu relançamento pela Companhia das Letras, pareceu-me oportuno escrever algumas linhas em torno de um tema básico: o da validade ou não das teses sustentadas pelo texto, no confronto com as críticas que lhes foram feitas e com o avanço das pesquisas no correr do tempo.

O principal pressuposto do ensaio se encontra na afirmação de que formulações de tipo reducionista-classista não dão conta do sentido do episódio revolucionário de outubro de 1930. Concretamente, tratei de demonstrar, a partir desse pressuposto, que a queda da Primeira República não correspondeu ao ascenso ao poder nem da burguesia industrial, nem das classes médias, contraditando assim versões correntes na época em que o trabalho foi escrito.

Dessas duas hipóteses, a primeira — por seu alcance e suas consequências — tem maior importância. Por trás dela encontrava-se uma leitura da história do Brasil presa à sequência escravismo-feudalismo-capitalismo-socialismo, em harmonia com o que se supunha serem as etapas históricas vividas pela Europa ocidental.

Na medida em que se tornou apanágio do Partido Comunista Brasileiro (PCB) e dos círculos nacionalistas próximos a ele, tal leitura — no contexto dos anos 1950 e meados dos 1960 — tinha claras implicações políticas, ao dar suporte aparentemente científico à estratégia majoritária na esquerda. Assim se justificava a tese de que era uma necessidade histórica forjar uma aliança entre a burguesia nacional e a classe operária, cimentada pelo Estado, para enfrentar o imperialismo e os latifundiários, responsáveis respectivamente pela espoliação das riquezas do país e pela manutenção de uma estrutura agrária feudal ou semifeudal.

A aliança, que teve vigência ao longo do pacto populista promovido por Getúlio Vargas, acabou se rompendo, com trágicas consequências, no início da década de 1960, quando a burguesia em seu conjunto e grande parte das classes médias abandonaram o barco das reformas "democrático-burguesas", destinadas à implantação de um capitalismo nacional.

Voltando ao contexto do ensaio, procurei demonstrar que a Revolução de 1930 não fora desfechada para promover os interesses da burguesia industrial, cujos representantes mais conspícuos, pelo contrário, apoiaram a candidatura de Júlio Prestes e se colocaram contra o movimento revolucionário. Apesar da passagem dos anos, penso que o argumento se sustenta, embora tenha sido retocado e, sem dúvida, tenha adquirido melhor fundamentação em vários trabalhos subsequentes.

Uma das críticas que poderiam ser feitas ao meu argumento consistiria em dizer que ele se apoia no comportamento da cúpula dos industriais paulistas, não abrangendo outras regiões, especialmente o Rio de Janeiro. Por certo, a constatação de que São Paulo já constituía, em fins da década de 1920, o centro regional mais significativo da indústria brasileira, não elimina inteiramente a objeção. Só se tornaria possível examiná-la com o surgimento de estudos sobre os industriais cariocas, entre os quais se destaca a tese de doutoramento de Maria Antonieta Leopoldi.[1] Demarcando as diferenças étnicas e mesmo de comportamento entre os industriais paulistas e cariocas, a autora demonstrou fartamente que os empresários do Rio de Janeiro, organizados no Centro Industrial do Brasil, tiveram atitude semelhante à dos de

São Paulo no tocante ao episódio de outubro de 1930. Eles apoiaram o governo constituído, embora passassem rapidamente a demonstrar simpatia pelo governo provisório quando o movimento revolucionário se tornou vitorioso.

Esse aspecto indica, sem dúvida, uma diferença de comportamento entre os empresários industriais das duas áreas regionais cogitadas. Mas essa diferença não se explica por diferentes graus de "consciência de classe", e sim pelas condições históricas diversas de formação do empresariado de São Paulo e do Rio de Janeiro. Estes estiveram sempre mais ligados ao poder central, até por razões de proximidade física, e nunca se integraram em uma frente de interesses regionais. Os paulistas se caracterizaram por condições diametralmente opostas, fato que explica em parte sua maior reticência em apoiar as ações governamentais no pós-1930, a ponto de serem parte constitutiva da "guerra paulista" de 1932, para a qual contribuíram com um importante esforço de guerra.

Entretanto, com as ressalvas apontadas, os mesmos traços de pragmatismo e ausência de um projeto nacional, o mesmo desejo de ter a proteção dos governantes, sejam eles quem forem, marcam o comportamento dos grandes industriais de São Paulo e do Rio de Janeiro na década de 1920 e nos primeiros anos da de 1930.

Como essa conclusão se assentava na análise dos pronunciamentos de associações de classe, tratei de examinar também a possibilidade de que, à margem das entidades corporativas, no plano dos partidos políticos, encontrássemos forças de oposição ao sistema oligárquico, expressando, em maior ou menor grau, interesses do setor industrial. Tal possibilidade me levou a examinar a composição social e o comportamento dos quadros do Partido Democrático de São Paulo (PD), tanto mais porque na época em que este ensaio foi escrito um ou outro autor sugeria a existência de uma relação entre o PD e grupos industriais.

Hoje essa hipótese está descartada, ao mesmo tempo em que a controvérsia sobre a natureza do PD ganhou novos rumos. Minha análise da agremiação partidária de oposição, através, sobretudo, das páginas do *Diário Nacional*, revelou uma posição francamente anti-industrialista por parte dos democráticos. As críticas versando sobre minha tentativa de explicar a cisão partidária paulista em meados da década de 1920 seguiram outros e sugestivos caminhos. Assim, Joseph Love lembrou, com razão, uma lacuna na minha análise, por não ter discutido o tema sob o ângulo geracional. Esse autor demonstrou que as lideranças do PD eram, em regra, mais jovens que as do Partido Republicano Paulista (PRP), extraindo dessa constatação a observação de que, chegando à maturidade depois de 1910, o líder típico do PD perdera o *boom* inicial do café, a primeira expansão industrial, assim como a oportunidade de investir em ferrovias.[2]

Outro rumo tomou Mauricio Font ao afirmar que, embora eu tivesse vislumbrado a interpretação adequada, não chegara a formulá-la. Segundo Font, o PD não teria nada de inovador, sendo, pelo contrário, a expressão de uma aliança entre o velho setor cafeeiro e a classe média tradicional, com uma postura anti-imigratória; o PRP, por sua vez, representaria uma aliança entre a burocracia estatal (no caso, estadual) e os novos setores sociais de imigrantes em ascensão, entre os quais se encontrava a maioria dos industriais.[3] Seja como for, nessa ou naquela interpretação, a hipótese de que a oposição paulista ao PRP pudesse expressar interesses dos industriais foi simplesmente arquivada.

A reconsideração das elites políticas paulista e mineira à luz das pesquisas que se desenvolveram ao longo dos últimos vinte anos implica algumas revisões, mas nada que, em seu alcance, assemelhe-se ao caso da elite gaúcha. Quando escrevi o ensaio, os estudos a respeito eram parcos e meu conhecimento incipiente. De lá para cá o quadro mudou, destacando-se no conjunto de trabalhos o de Pedro Cezar Dutra Fonseca.[4] Fonseca trouxe à luz algumas características da elite que controlava o Partido Republicano Riograndense (PRR), compatíveis com a percepção e o manejo da conjuntura vigente no país a partir dos anos 1930. Referindo-se à chamada geração de 1907, da qual Getúlio fazia parte, demonstrou suas inclinações ideológicas pelo intervencionismo estatal acompanhado do controle do capital estrangeiro, bem como sua descrença na democracia liberal.

Esses traços ideológicos não caíram do céu, mas resultaram tanto da posição peculiar da economia riograndense, voltada predominantemente para o mercado interno, quanto das concepções positivistas, a que se mesclou, no curso dos anos 1920, o corporativismo de inspiração fascista. Podemos mesmo afirmar que a política industrializante do Estado, passado o período de indecisão, sobretudo após o golpe de 1937, foi promovida por uma elite com raízes oligárquicas mas com características peculiares, associada à cúpula militar e aos quadros técnicos do Estado. Esses setores viram mais longe do que o núcleo burguês industrial propriamente dito que, sobretudo em São Paulo, se mostrou arredio a programas de desenvolvimento que fossem além de seus interesses rotineiros.

A essa altura passo à interpretação da Revolução de 1930 como episódio que refletiria a ascensão ao poder da classe média urbana. Essa interpretação, hoje praticamente descartada, tinha origem no livro sugestivo de Virgínio Santa Rosa, *O sentido do tenentismo*, que, após enfatizar o embate entre a classe média urbana e as oligarquias ao longo da Primeira República, localiza a expressão política da primeira no tenentismo.[5]

Ao discutir essa suposta vinculação, parti do pressuposto de que reduzir movimentos militares a uma expressão de classe constitui uma tendência empobrecedora que acaba resultando em equívoco interpretativo. Em poucas palavras, é preciso lembrar, em primeiro lugar, que "os tenentes são tenentes", ou seja, membros de uma instituição que, por sua natureza, (re)socializa seus membros, inculcando-lhes valores específicos, filtrando ao mesmo tempo sua percepção da sociedade.

Na época, minha argumentação tinha uma base empírica limitada. Com o correr dos anos, alguns autores aprofundaram o estudo das Forças Armadas e do tenentismo, destacando-se, dentre eles, José Murilo de Carvalho. Esse autor demonstrou que a insatisfação dos "tenentes" em face do sistema oligárquico tinha a ver não só com a posição secundária atribuída ao Exército, não só com os valores unitários e centralizadores que se chocavam com o modelo político vigente, como também com as características institucionais do Exército. Desse modo, Carvalho evidenciou que uma estrutura rígida de promoções e de permanência nos postos mais altos de comando contribuía para gerar a insatisfação dos quadros militares mais jovens, cujo acesso a esses postos era problemático.[6]

De onde viria a tendência, em nosso meio, de se vincular episódios revolucionários ao ascenso de uma classe, seja ela a burguesia industrial ou a classe média? Penso que ela deriva de uma leitura simplista da história do Ocidente europeu, transplantada para o contexto brasileiro. Refiro-me a uma historiografia vinculada principalmente ao marxismo, mas não restrita a este, que vislumbrou nas revoluções francesa e russa o triunfo, respectivamente, da burguesia e do proletariado, tidos como protagonistas dessas revoluções. Tal versão tinha forte instrumentalidade política, na medida em que estabelecia um antecedente, associando a vitória da burguesia a um corte revolucionário, ao qual deveria suceder, necessariamente, o ascenso ao poder da classe operária, também pela via da revolução.

Emprego o tempo dos verbos no passado para descrever essa versão porque hoje ela está definitivamente descartada. Tomemos o caso da Revolução Francesa. A historiografia marxista ou influenciada pelo marxismo já não aceita o reducionismo classista, embora haja divergência quanto aos desdobramentos do episódio revolucionário. Assim, Eric Hobsbawm considera insustentável a referida concepção, e trata de demonstrar, examinando um longo processo histórico e seus desdobramentos, "por que a Revolução Francesa foi uma revolução burguesa, mesmo que ninguém tenha pretendido que fosse".[7] Por sua vez, Arno Mayer vai mais longe, sustentando que o *Ancien Régime* só se desintegrou na Europa com a eclosão da Primeira Guerra Mundial, persistindo até aquela época uma simbiose entre burguesia e aristocracia, com predominância dos valores aristocráticos.⁸ A interpretação simplista, mas na época prestigiosa, das revoluções contemporâneas tendeu a ser transportada para o caso brasileiro, daí nascendo a tentativa de enquadrar o episódio revolucionário de 1930 no modelo da revolução burguesa, conduzida pela burguesia industrial ou pela classe média, às vezes confundidas em um mesmo segmento social.

Assentado esse ponto, convém dizer algumas palavras sobre o papel desempenhado pela classe operária no contexto sociopolítico da década de 1920 e no episódio de 1930. Pelo menos durante alguns anos, teve influência uma releitura do período segundo a qual os últimos anos da década de 1920 teriam sido marcados por uma conjuntura revolucionária cuja expressão mais visível e ao mesmo contraditória seria o Bloco Operário e Camponês (BOC), frente legal do PCB. O desenlace negativo de uma conjuntura revolucionária teria deixado aberto o caminho à fração da classe dominante que assumiu o poder nos anos 1930, permitindo-lhe dar dignidade de *revolução* ao episódio de outubro de 1930 e construir a figura de um inimigo — as oligarquias — derrubado pela ação redentora dos aliancistas.⁹

Não me parece necessário alongar-me sobre essa interpretação, à qual me referi em um ensaio publicado na revista *Novos Estudos Cebrap*.¹⁰ Convém apenas lembrar que se trata, no caso, de uma aplicação equivocada da vertente historiográfica que introduziu uma nova abordagem, concentrando-se na história dos dominados ou dos vencidos. No Brasil da década de 1920 não havia conjuntura revolucionária em que o proletariado tivesse a iniciativa, não chegando a classe operária organizada a constituir um ator político relevante. Quanto ao BOC, foi uma organização minúscula que interessa apenas à história da esquerda.

Os estudos de história do Brasil foram consideravelmente aprofundados nos últimos anos, a partir da retomada de um enfoque clássico dizendo respeito às relações entre Estado e sociedade, embora haja considerável divergência no que diz respeito à natureza dessas relações. A meu ver, a perspectiva mais adequada e mais frutífera consiste em enfocar o grau de autonomia e os pontos de encontro entre as duas esferas; isso significa, do ângulo da abordagem do Estado, recusar-se a pensá-lo, de um lado, como simples reflexo de uma classe dominante e, de outro, como uma instituição sobreposta à sociedade.

Da problemática da interação sociedade/Estado derivou, por exemplo, a compreensão de que o entendimento do Brasil do século XIX e, principalmente, do Segundo Reinado, passa pela percepção de que nem tudo se resolve pela constatação banal de que o Estado expressa os interesses agrários. A partir daí, foi possível discutir a ação do Estado no tocante a questões vitais do período, entre as quais se destacam, exemplificando, a crise das relações escravistas e o grau de distância entre o rei e os "barões".[11]

No que diz respeito à Primeira República, a tese aparentemente incontestável do Estado como expressão dos interesses agrários e sobretudo da burguesia do café veio a ser, pelo menos, matizada. Desse modo, em "Difícil hegemonia. Um estudo sobre São Paulo na Primeira República", Eduardo Kugelmas tratou de acentuar as dificuldades de a elite paulista construir um poder hegemônico.[12]

Por sua vez, Winston Fritsch, criticando alguns autores, entre os quais estou incluído, argumentou que a opção dos sucessivos governos republicanos no sentido de manter baixa a taxa de câmbio não se devia ao objetivo de favorecer o setor cafeeiro estimulando as exportações, como se tem pensado a partir das análises de Celso Furtado. Segundo ele, a queda secular do mil-réis é totalmente explicada pelos colapsos cambiais do início da última década do século XIX e início do XX, que foram consequência de diversos choques externos cujos efeitos sobre o valor do mil-réis o governo não conseguiu evitar.[13]

No campo da natureza e do comportamento das elites políticas, cabe destacar a tese de doutoramento de Amílcar Martins

Filho sobre a elite mineira. Martins sustenta o ponto de vista de que, dadas as condições específicas daquele estado, caracterizado pelo fracionamento das atividades produtivas, a elite não representava interesses de classe, sendo na realidade a expressão de si mesma, controlando o acesso aos cargos públicos e manipulando os diferentes e frágeis setores econômicos em proveito próprio.[14]

Esse autor foi influenciado por Simon Schwartzman, cuja interpretação histórica não se limita à Primeira República, abrangendo toda a formação social brasileira. Schwartzman parte do princípio de que a compreensão de nossa história não deve ser buscada na noção de que o Estado se define como representante de classes ou grupos, mas, pelo contrário, na noção de que o Estado em algum grau representa a si mesmo, ao mesmo tempo em que articula grupos ou classes sociais.

Com relação ao período republicano, afirma que não houve identificação entre interesses sociais dominantes e controle do Estado, pois os mineiros tiveram um papel muito mais importante do que os paulistas no âmbito do eixo "café com leite" que, por algum tempo, comandou a política nacional. Antes de ser representativo de interesses, o Estado que emergiu da proclamação da República teria mantido os traços patrimonialistas, vigentes ao longo de nossa história.[15]

Examinei algumas dessas significativas revisões em um trabalho intitulado "Estado e burguesia agroexportadora na Primeira República", publicado na revista *Novos Estudos Cebrap*, e aqui retomo em parte a argumentação, relacionando-a a uma tentativa de contribuir para explicar o sentido da Revolução de 1930.[16]

Penso que o ponto de partida mais fecundo para o entendimento do que foi a Primeira República consiste, como já acentuei, em problematizar as relações entre sociedade e Estado ou, dito de outro modo, entre economia e política, naqueles quarenta e poucos anos. Do ponto de vista do sistema produtivo e dos setores econômicos dominantes, não há dúvida de que o país se definia sobretudo como agroexportador, sendo a economia cafeeira expressa socialmente pela chamada burguesia do café, o polo predominante, ainda que não exclusivo.

É preciso insistir no dado fundamental, mesmo com o risco de repetir uma obviedade, de que as características de crescimento do setor agroexportador e das atividades por ele geradas, inclusive a indústria, em uma primeira fase, deram origem a uma configuração em que predominaram os interesses regionais, sobrepondo-se a um projeto nacional. A tradução institucional desse fato se evidencia, aliás, no modelo acentuadamente federativo adotado pela Constituição de 1891 e na formação de partidos estaduais.

Partindo dessas observações, para introduzir o tema das relações entre economia e política, é necessário lembrar que não se podem pensar quarenta anos da história brasileira do século XX como pertencentes a um "tempo imóvel", ainda que, no confronto com o que veio a ocorrer após 1930, seja possível ter-se essa impressão. Ao longo do período que vai de 1889 a 1930, as economias regionais se desenvolveram, um grande surto imigratório ocorreu no Centro-Sul, a urbanização ganhou extraordinário ímpeto em algumas cidades. Em decorrência dessas transformações, cresceu a classe média urbana, tomou forma o primeiro contingente de uma classe operária, ao mesmo tempo em que a expansão do setor agroexportador e sua crescente especialização acentuou a demarcação entre produtores, comércio exportador e setor financeiro. Do ângulo sociopolítico, ganhou maior força e conteúdo uma opinião pública vinculada a setores da classe média urbana, ao mesmo tempo em que surgiu o conflito social, embora ele não estivesse no centro dos confrontos que brotavam na sociedade.

O quadro que caracterizou os primeiros anos da República foi bem diverso daquele dos últimos anos da década de 1920. Simplificando, podemos afirmar que a coincidência entre o polo dinâmico da economia e o controle do poder político é uma constatação válida apenas para os primeiros anos do regime republicano. Nessa primeira fase, a fraqueza do PRR gaúcho, às voltas com um grave conflito regional, e as dificuldades do Partido Republicano Mineiro (PRM), até 1898, em estancar as dissidências, permitiram que o PRP desse as cartas, garantindo a afirmação de um modelo federativo que constituía uma opção doutrinária e ao mesmo tempo atendia aos interesses econômicos do setor agroexportador de São Paulo. A sequência de presidências paulistas constituiu a expressão mais evidente da harmonização entre classe dominante e elite política.

Ao longo dos anos, por razões primacialmente políticas, esse quadro foi se alterando. Resolvidas as dissensões internas, a elite política mineira, através do PRM, ganhou projeção no cenário nacional, com uma instrumentação da política diversa da realizada pelos paulistas. Na frase feliz de Schwartzman, para os paulistas a política era uma forma de melhorar seus negócios; para quase todos os outros, a política era o seu negócio. Por sua parte, após ter se imposto no Rio Grande do Sul, o PRR rompeu seu isolamento a partir de 1910 e passou a participar ativamente da política nacional.

No curso da década de 1920, com a vantagem da observação retrospectiva, podemos afirmar que os paulistas se viram forçados a partilhar o controle da política federal com mineiros e gaúchos, tendendo a entrincheirar-se cada vez mais em seu estado. Há quem sugira, diga-se de passagem, tratar-se de uma manobra estratégica, pois o essencial dos interesses da elite socioeconômica paulista estava assegurado por meio das atribuições conferidas às unidades regionais. Entretanto, basta lembrar a importância para os estados da política cambial e monetária, de competência do Executivo federal, para se revelar a inconsistência dessa sugestão.

Seria excessivo afirmar que um modelo alternativo de organização do país, ou programas refletindo interesses econômicos regionais conflitantes, fossem formulados com clareza, nas crescentes disputas intraelites. Na realidade, um modelo alternativo, ainda que formulado de forma tosca, foi proposto pelos "tenentes", ao criticarem o liberalismo oligárquico, aproximando vários deles da ideologia autoritária.

Não pretendo percorrer, entretanto, a conjuntura do final dos anos 1920, inclusive porque ela constitui um dos objetivos do ensaio. Lembro apenas que, a partir desse quadro, fica mais fácil entender como um lance político desastrado — a insistência de Washington Luís na questão da escolha de seu sucessor — abriu caminho para a formação da Aliança Liberal e para a irrupção de um movimento revolucionário em outubro de 1930.

O entendimento das relações entre Estado e sociedade, assim como da natureza do Estado, que emerge, gradativamente, no pós-1930, passa tanto pelas prévias concepções dos principais atores políticos quanto por um dado novo, introduzindo a necessidade de uma urgente reformulação política e de políticas, ou seja, a crise mundial aberta em 1929.

É provável que, por sua experiência anterior, Getúlio e seus assessores estivessem mais predispostos do que qualquer outro grupo dirigente a buscar soluções adequadas, naqueles anos de crise. Seja como for, o quadro de descontrole interno, potenciado pela tempestade mundial, forçou a tomada de decisões como controle do câmbio, destruição de estoques de café etc., incentivando um processo de centralização e concentração do poder.

Seria equivocado, porém, imaginar a existência de um Estado forte nascido por inteiro no imediato pós-1930. Pelo contrário, o Governo Provisório teve de tatear em muitas medidas, teve de enfrentar o descontentamento de velhos amigos pertencentes às oligarquias regionais, teve de enfrentar revoltas dos quadros inferiores, pressões tenentistas no âmbito das Forças Armadas e, sobretudo, a "guerra paulista", desfechada em 1932. Mas o processo político que se desenrolou ao longo do período levou ao reforço do poder central e à reconstrução do Estado, que ultrapassou vitoriosamente suas maiores dificuldades.

Que forma tomou o sistema político e qual a natureza das relações entre Estado e sociedade? Pondo fim ao sistema oligárquico — melhor seria falar em "arranjo oligárquico" —

vigente entre 1889 e 1930, a construção de um novo sistema, por parte dos detentores do poder, teve como pressuposto um modelo autoritário. Essa inclinação fazia parte das convicções de Getúlio, das da maioria de seus ministros e assessores, assim como das dos integrantes da cúpula das Forças Armadas, cujo poder cresceu significativamente, *pari passu* com a atenção especial que o governo deu ao Exército no pós-1930. Também aqui a crise de 1929 teve um papel importante, reforçando convicções autoritárias. Ela parecia demonstrar a falência do capitalismo, ou pelo menos de certo tipo de capitalismo, associado ao livre mercado e à democracia liberal; tanto mais que, no caso brasileiro como no dos outros países latino-americanos, a democracia liberal correspondia ao liberalismo oligárquico. Não por acaso a marca dominante do sistema político vigente entre 1930 e 1945 foi a ditadura autoritária, informal (Governo Provisório) ou formal (Estado Novo), cortada apenas pelos anos 1934-1937, em que as liberdades democráticas foram sendo suprimidas, após a tentativa de golpe do PCB, em 1935.

No que diz respeito à natureza das relações entre Estado e sociedade, cresceu, como é sabido, o grau de autonomia do Estado em comparação com a Primeira República, mesmo descartando-se a noção de que o Estado, entre 1889 e 1930, correspondia simplesmente aos interesses da burguesia do café. Mas, como crescimento do grau de autonomia não significa separação entre as esferas do poder estatal e da sociedade, persiste a pergunta sobre a natureza dessas relações.

Francisco Weffort, a partir dos textos de Gramsci, utilizou a expressão "Estado de compromisso" para definir o Estado brasileiro no pós-1930. O Estado de compromisso seria a resultante de uma conjuntura em que nenhum setor de classe tinha condições de construir sua hegemonia, dada a crise da burguesia cafeeira, a fraqueza dos demais setores agrários e a dependência das classes médias diante dos interesses tradicionais. Adotei a noção quando escrevi o ensaio e, a esta altura, convém indagar até que ponto ela se sustenta.

A crítica mais significativa me parece ser a de Sônia Draibe. Draibe sustenta que a noção de compromisso supõe implicitamente certo equilíbrio ou "empate social" entre setores agrários e industriais, e tende ainda a ser utilizada como sinônimo de aliança política, introduzindo dilemas para a compreensão de um período marcado pela instabilidade das coalizões políticas.[17]

Não é certo, entretanto, que Weffort tenha associado a noção ao pressuposto de estabilidade das alianças políticas. Pelo contrário, segundo ele o Estado de compromisso é, antes de tudo, "um Estado em crise que se forma e se reforma na busca de respostas à nova situação criada pela crise da economia agrária, pela crise local (e mundial) das instituições liberais, pelos esforços de industrialização autônoma de uma sociedade tradicionalmente agrária e dependente, pela dependência social dos setores médios e pela crescente pressão popular".[18] Ainda assim, a crítica de Draibe tem o mérito de sugerir uma leitura menos linear da chamada Era Vargas que, como estou insistindo, não surgiu, no pós-1930, a partir de um modelo predefinido.

É verdade que, superada a crise de hegemonia, uma ordem industrial veio a prevalecer, ao longo de um período de maturação que vai de 1930 até meados dos anos 1950. Mas isso não significa que a Revolução de 1930 tenha instalado no poder a burguesia industrial. O prevalecimento da ordem industrial, para a qual o Estado desempenhou um significativo papel, resultou de um processo histórico, a respeito do qual vale a pena ressaltar algumas características.

Do ponto de vista das respostas de mercado, a conjuntura do pós-1930 impulsionou a ampliação das atividades industriais, graças às dificuldades a que estiveram sujeitas as importações, em consequência da escassez de divisas, e à existência de capacidade industrial ociosa, resultante das importações de bens de produção realizadas na década de 1920, como Villela e Suzigan demonstraram.[19]

Sob o aspecto da ação do Estado, convém lembrar que as medidas tendentes a favorecer a implantação de uma ordem industrial conheceram avanços e retrocessos. Em algumas circunstâncias, empresários industriais e governo se desentenderam, pelo menos por algum tempo, como foi o caso da criação de uma legislação trabalhista. A opção decisiva do governo no sentido de afirmar o setor industrial foi representada por investimentos em infraestrutura e em uma indústria básica que deram sustentação ao desenvolvimento da indústria. Essa opção derivou menos das pressões dos empresários industriais e mais da pressão de outros setores, entre eles os membros da cúpula das Forças Armadas e os técnicos governamentais.

Isso não quer dizer que a burguesia industrial tenha tido um papel irrelevante no pós-1930. Pelo contrário, a ação das associações de classe foi incrementada e o setor ganhou zonas de influência no interior do aparelho estatal. Mas, como lembra Eli Diniz, que chamou a atenção para esses fatos, os empresários industriais tinham uma visão imediatista, ligada à maximização das vantagens econômicas, visão essa revelada pelo conteúdo e pela forma de encaminhar demandas e pela natureza de suas relações com o Estado.[20]

Poder-se-ia argumentar que, afinal de contas, se a passagem de uma ordem predominantemente agrícola para uma ordem urbano-industrial teve conexão com o episódio de outubro de 1930, a forma dessa conexão seria uma questão bizantina. Não penso assim, pois o desvendamento das relações entre Estado e sociedade, das interações entre as pressões advindas da base material da sociedade e a decisão dos agentes sociopolíticos etc. são o caminho para se entender os rumos do processo histórico, superando-se fórmulas do tipo "1930 marcou a passagem do Brasil agrário para o Brasil urbano e industrial" que, de tão genéricas, pouco ou nada explicam.

Além disso, o fato de que a ordem urbano-industrial veio a ser implantada tendo como agente principal o Estado, e não as classes sociais, repercutiu diretamente no arranjo e no conflito de classes durante um longo período histórico.

Por último, vale a pena dizer uma palavra acerca de um tema

pouco explorado, qual seja o da percepção que a gente urbana letrada teve dos tempos que estava vivendo nos anos subsequentes à Revolução de 1930. Um bom indicador é o dos livros publicados naquele período acerca dos problemas brasileiros. Trata-se de uma extensa produção, cujo conteúdo versa sobre questões centrais que vão do equilíbrio desejável entre ordem e desordem na configuração institucional a propostas sociais de reforma agrária.[21]

Um olhar arrogante poderia ironizar os programas de salvação nacional contidos naqueles escritos, esquecido de que o olhar arrogante do presente rapidamente se converte em passado. Prefiro assinalar que aquela gente tinha a percepção de estar vivendo novos tempos e, para bem ou para mal, não estava enganada.

NOTAS

(1) Leopoldi, Maria Antonieta, *Industrial Associations and Politics in Contemporary Brazil*, Oxford, St. Antony's College, 1982.
(2) Love, Joseph L., *A locomotiva: São Paulo na Federação Brasileira, 1889-1937*, Rio de Janeiro, Paz e Terra, 1982.
(3) Font, Mauricio A., *Coffee, Contention and Change in the Making of Modern Brazil*, Cambridge, Ma., Basil Blackwell, 1990.
(4) Fonseca, Pedro Cezar Dutra, *Vargas: o capitalismo em construção*, São Paulo, Brasiliense, 1987.
(5) Santa Rosa, Virgínio, *O sentido do tenentismo*, Rio de Janeiro, Schmidt, 1933.
(6) Carvalho, José Murilo de, "As Forças Armadas na Primeira República: o poder desestabilizador". In Boris Fausto (ed.), *História geral da civilização brasileira*, tomo III, vol. 2, Rio de Janeiro/São Paulo, Difel, 1977.
(7) Hobsbawm, Eric, *Ecos da Marselhesa*, São Paulo, Companhia das Letras, 1996.
(8) Mayer, Arno J., *A força da tradição*, São Paulo, Companhia das Letras, 1987.
(9) De Decca, Edgar, *O silêncio dos vencidos*, São Paulo, Brasiliense, 1982.
(10) Fausto, Boris, "Estado, classe trabalhadora e burguesia industrial (1920-1945): uma revisão". In *Novos Estudos Cebrap* n° 20, março de 1988.

(11) Ver, principalmente, Ilmar Rohloff de Mattos, *O tempo saquarema*, São Paulo, INL/Hucitec, 1987, e José Murilo de Carvalho, *A construção da ordem* e *Teatro de sombras*, Rio de Janeiro, Ed. da UFRJ/Relume-Dumará, 1996.

(12) Kugelmas, Eduardo, "Difícil hegemonia. Um estudo sobre São Paulo na Primeira República". Tese de doutoramento, FFLCH/USP, 1988.

(13) Fritsch, Winston, "Sobre as interpretações tradicionais da lógica da política econômica na Primeira República". In *Estudos Econômicos*, IPE-USP, 15 (2), 1985.

(14) Martins Filho, Amílcar, "The White Collar Republic: Patronage and Interest Representation in Minas Gerais, Brazil, 1889-1930". Tese de doutoramento, Universidade de Illinois, 1986.

(15) Schwartzman, Simon, *Bases do autoritarismo brasileiro*, Rio de Janeiro, Campus, 1982.

(16) Fausto, Boris, "Estado e burguesia agroexportadora na Primeira República". In *Novos Estudos Cebrap* n° 27, julho de 1990.

(17) Draibe, Sônia, *Rumos e metamorfoses: um estudo sobre a constituição do Estado e as alternativas da industrialização no Brasil*, Rio de Janeiro, Paz e Terra, 1985.

(18) Weffort, Francisco, "Classes populares e política (contribuição ao estudo do populismo)". Tese de doutoramento, FFLCH/USP, 1968.

(19) Villela, Annibal Villanova e Suzigan, Wilson, *Política do governo e crescimento da economia brasileira, 1889-1945*, Rio de Janeiro, IPEA/INPES, 1973.

(20) Diniz, Eli, *Empresário, Estado e capitalismo no Brasil: 1930-1945*, Rio de Janeiro, Paz e Terra, 1978.

(21) Ver Lúcia Lippi Oliveira e outros, *Elite intelectual e debate político nos anos 30. Uma bibliografia comentada da Revolução de 1930*, Rio de Janeiro, FGV, 1980.

1
BURGUESIA INDUSTRIAL E REVOLUÇÃO DE 1930

AS TEORIAS DUALISTAS: POLÍTICA E HISTORIOGRAFIA

No interior do pensamento de esquerda tem raízes profundas, hoje bastante abaladas, a caracterização da sociedade brasileira supondo-se a existência de dois setores básicos: o pré-capitalista, localizado no campo, onde predominariam relação de produção de tipo feudal ou semifeudal, cuja expressão típica seria o latifúndio; e o capitalista e urbano, que teria dado origem à formação de uma burguesia industrial nos grandes centros. Como se sabe, uma alma gêmea mais recente dessa caracterização, despida das categorias de modo de produção e oposições de classe, mas que resulta no mesmo tipo de análise, é a teoria do dualismo das sociedades latino-americanas "em vias de desenvolvimento", pela qual se procura apreender a estrutura básica dessas sociedades por intermédio de uma polaridade com sinais opostos. Rodolfo Stevenhagen resumiu os principais traços da teoria, segundo a qual o polo negativo seria representado pela sociedade rural e arcaica, caracterizada pelas relações pessoais e de parentesco; pelas instituições tradicionais (coparentesco ritual, certos tipos de trabalho coletivo, certas formas de dominação política personalista e relações patrão-cliente); pela rígida estratificação de *status* social (isto é, o *status* individual na estrutura social é determinado pelo nascimento, com pouca probabilidade de mudança durante a vida); e por normas e valores que exaltam

— ou pelo menos aceitam — o *status quo* e as formas tradicionais herdadas de vida social, as quais constituiriam um obstáculo ao pensamento economicamente "racional". A "sociedade moderna", por outro lado, seria constituída por um tipo de relações que os sociólogos denominam secundário, determinado por ações interpessoais motivadas por objetivos racionais e utilitários; por instituições funcionalmente orientadas; por estratificações sociais comparativamente flexíveis, em que o *status* é alcançado por meio do esforço pessoal e se expressa por índices quantitativos (como renda ou nível de educação) e pela função social (como a ocupação). Na chamada "sociedade moderna" as normas e valores do povo tenderiam a se orientar no sentido da mudança, do progresso, da inovação e da racionalidade econômica (por exemplo, máximo lucro a custo mínimo).

A sociedade arcaica constituiria, assim, um conjunto de obstáculos à modernização que ao núcleo dinâmico, interessado no desenvolvimento, caberia superar.[1]

A conceituação da sociedade semicolonial em termos dualistas, com conteúdo "paradialético", vincula-se às concepções globais do movimento comunista, a partir da década de 1920, mas dessa conceituação nem sempre se extraíram as mesmas implicações políticas. Como constatação sociológica, insistiu-se continuadamente na existência de um setor feudal ou semifeudal e um setor capitalista; mas em uma primeira fase as contradições entre os dois setores eram consideradas antagônicas, modificando-se essa concepção a partir de 1928.

Embora a América Latina fosse uma área de interesse secundário, nas preocupações dos dirigentes da III Internacional, nos primeiros anos da década, a experiência política dos pequenos partidos comunistas desses anos sofreu a influência da estratégia posta em prática na China, único país do mundo subdesenvolvido em que estava em curso um processo revolucionário.[2] A facção stalinista, cujo poder começava a se consolidar na URSS, caracterizou a Revolução Chinesa (1925-1927) como revolução democrático-burguesa, que seria levada a cabo pelo "bloco de quatro classes" (operários, camponeses, intelectuais e a "democracia urbana"), expresso politicamente no Kuomintang, supondo a possibilidade de estabelecer uma fronteira política entre a burguesia nacional, a pequena burguesia, as classes populares, de um lado, e os senhores da terra, aliados do imperialismo, de outro.

O trágico desfecho da revolução, marcado pela "traição" do Kuomintang, os massacres de Xangai, levou a Internacional Comunista, no VI Congresso, realizado em julho/setembro de 1928, a efetuar uma reviravolta em suas concepções, dando uma guinada à esquerda, com a inauguração da política do chamado Terceiro Período. A evolução do capitalismo no pós-guerra era dividida em três fases, definida a primeira pela profunda crise revolucionária dos anos imediatamente posteriores à conflagração; a segunda pela relativa estabilidade; e a terceira, na qual agora se entrava, pelo agravamento das contradições interimperialistas e um novo ascenso revolucionário.

No que diz respeito ao mundo subdesenvolvido, se a caracterização socioeconômica dessas áreas não se modificou (setor feudal — setor capitalista), a avaliação dos interesses das diferentes classes passou a ser outra. O setor feudal e o nacional-burguês não estavam, na realidade, em contradição antagônica, mas, com exceção do caso argentino, mantinham relações de complementaridade, sob a égide do imperialismo; a própria pequena burguesia surgia agora como um aliado vacilante e transitório das forças revolucionárias. Conservava-se a teoria da dualidade e as concepções da revolução democrático-burguesa, mas a revolução seria levada a cabo, fundamentalmente, pelo proletariado e as massas camponesas. Em uma intervenção no Congresso da secção sul-americana da Internacional, realizado em junho de 1929 em Buenos Aires, dizia o delegado uruguaio Sala:

> Quais as perspectivas da América Latina? Temos a perspectiva de uma revolução democrático-burguesa. Essa revolução é dirigida, essencialmente, contra o feudalismo, pela ruptura das relações feudais no campo, pela entrega da terra aos camponeses. Mas em

nossos países semicoloniais trata-se também de uma revolução contra o imperialismo e a reação. Nos países latino-americanos, a escassa burguesia industrial está ligada aos imperialistas e ao feudalismo. Por isso, não desempenhará um papel revolucionário. As únicas forças anti-imperialistas são: em primeiro lugar, os operários; depois, os camponeses; e, por último, uma parte da pequena burguesia. Claro está que essa pequena burguesia oscila entre a revolução e a reação e constitui um aliado pouco seguro; mas se o proletariado segue a seu respeito uma linha justa, ela desempenhará um papel revolucionário em certos períodos da revolução democrático-burguesa.[3]

Tendia-se também a enfatizar as contradições interimperialistas na América Latina — presentes sem dúvida em larga escala —, a ponto porém de reduzir a dinâmica das disputas no interior dos diferentes países a um alinhamento determinado pela dependência ao capital inglês ou americano.

O comportamento do pequeno PCB nos últimos anos da década de 1920 e sua atitude em face da Revolução de 1930 devem ser vistos em função da estratégia global do movimento comunista. As teses aprovadas no III Congresso partidário (dezembro de 1928/janeiro de 1929) revelavam a mudança de linha ao acentuar:

> O Brasil é um país semicolonial. Penetrando nele o imperialismo, adaptando a economia do país ao seu próprio interesse, apoia-se nas formas de exploração feudais e semiescravagistas baseadas no monopólio da terra. A princípio, o capital industrial encontrava uma grande resistência por parte dos agrários. Agora, o capital industrial e o capital agrário interpenetram-se cada vez mais.[4]

Fazendo o balanço da experiência do Bloco Operário e Camponês — frente legal do Partido —, o Congresso assinalava o perigo de o organismo sofrer uma degenerescência eleitoral por influência dos aliados pequeno-burgueses, e criticava expressamente o BOC de São Paulo.[5] Nas eleições de março de 1930, sempre por intermédio do BOC, o Partido apresentou candidato próprio à Presidência da República — o operário marmorista Minervino de Oliveira — e denunciou o caráter reacionário tanto da Aliança Liberal como da articulação revolucionária, com o objetivo de derrubar Washington Luís.

Polemizando com Luís Carlos Prestes, por razões organizatórias, após o célebre manifesto de maio de 1930, o *Classe Operária* de agosto daquele ano salientava que o manifesto de ruptura de Prestes com o tenentismo vinha justificar "a luta do nosso Partido contra a Aliança Liberal imperialista, contra a atual Coluna fascista, dirigida pelo fascista Juarez Távora". Um manifesto, distribuído em forma de volante junto com o artigo acima citado, pronunciava-se "contra os golpes fascistas, conspirações militares, complôs de chefes (Antônio Carlos, Oswaldo Aranha, Juarez Távora, Maurício de Lacerda), tramados à revelia das massas e ao serviço do imperialismo!".[6] A Revolução de 1930, nos anos imediatamente posteriores ao episódio, era definida como produto das contradições interimperialistas:

> Os Estados Unidos, cujas inversões de capitais no Brasil cresciam na época da guerra e do pós-guerra com uma rapidez quase fabulosa (452%), achavam-se diante da tarefa de afastar os "paulistas" do poder precisamente pela sua qualidade de executores diretos da influência britânica. Somente os grupos das classes dominantes brasileiras que estavam mais ligados ao capitalismo americano podiam encarregar-se do cumprimento imediato dessa tarefa. E as posições desses últimos são mais fortes na zona pecuária do sul do Brasil (estado do Rio Grande do Sul), no reino dos trustes americanos de carnes, Armour & Swift. E são precisamente as camarilhas do Rio Grande do Sul que foram a principal força motriz da chamada "Revolução" de 1930.[7]

O fim da política e da ideologia do Terceiro Período, que se traduziu na Europa pela formação das frentes populares do pré e pós-guerra, representou a volta às concepções anteriores, com um conteúdo abertamente reformista. Pouco a pouco, com alguns hiatos produzidos pelos episódios da Guerra Fria, o caminho pacífico começou a surgir como perspectiva suave para a revolução socialista nos países capitalistas avançados, ou para a revolução democrático-burguesa no mundo subdesenvolvido.

No caso brasileiro, na medida em que se definia a contradição principal através do antagonismo entre o latifúndio, aliado do imperialismo, e as forças nacionais, constituídas por amplos setores da burguesia nacional, da pequena burguesia, e pelas classes populares, os ideólogos do pensamento dominante nos anos do pós-guerra, no interior da esquerda brasileira, passaram a buscar nos cortes mais significativos da história do Brasil contemporâneo os traços da contradição principal. Se Azevedo Amaral foi uma voz desvinculada dessa área a apontar a conexão entre a Revolução de 1930 e o ascenso ao poder das elites empresariais, Abguar Bastos apresentou talvez a primeira versão nesse sentido vinculada à esquerda oficial. A intervenção da burguesia industrial no episódio revolucionário ter-se-ia operado através de uma instrumentalização do movimento tenentista, mas não é claro, em sua análise, frequentemente contraditória, se a burguesia industrial pode ser considerada, em 1930, como fração autônoma de classe ou como categoria social dependente dos grupos financeiros.[8]

A versão historiográfica que estamos examinando ganhou forças a partir do fim da década de 1950, com o encontro das águas entre a ideologia predominante na esquerda e as formulações do movimento nacionalista. Entre os historiadores, Nelson Werneck Sodré tornou-se o mais conhecido defensor das teses dualistas com conteúdo "paradialético" como modelo explicativo da sociedade brasileira. No que diz respeito à Revolução de 1930, Werneck Sodré passaria de uma análise onde considera as várias forças sociais em presença à tese de confronto latifúndio-burguesia. Em *Formação histórica do Brasil,* a Revolução é interpretada como resultado "de uma brecha na classe dominante, cindindo-se e permitindo a composição de uma de suas frações com os elementos de classe média presentes em todas as fermentações internas". Posteriormente, em um livro construído a partir do modelo da dualidade, citando Wanderley Guilherme, define 1930 como "golpe da burguesia".[9]

É preciso considerar, porém, que nem sempre as teses dualistas mais extremadas são a fonte da interpretação do episódio revolucionário como momento de ascensão da burguesia nacional ao poder. Um exemplo expressivo disso é Wanderley Guilherme, que desenvolve um ataque à ideologia desenvolvimentista tal como despontava nas obras de Celso Furtado e Hélio Jaguaribe, e cuja análise guarda algumas distâncias com os pontos de vista de Werneck Sodré. Embora encontre razões estruturais e não meramente fortuitas para a associação "latifúndio--exportador-burguesia-imperialismo", é o autor que vai mais longe na linha interpretativa apontada:

> O movimento revolucionário de 30 abre etapa qualitativamente distinta na história nacional. Apesar dos testemunhos de personalidades coevas daqueles acontecimentos, no sentido de que os líderes da revolução ignoravam os objetivos que deviam atingir, juízo frequentemente repetido mesmo entre historiadores, a verdade é que os objetivos da Revolução de 30, como movimento social, eram perfeitamente claros. Tratava-se de criar as condições para a rápida expansão do capitalismo no Brasil, o qual vinha sendo entravado, agora de modo intolerável, pelo completo domínio do aparelho estatal exercido pela oligarquia, voltada para o exterior.

Mais adiante, refere-se ao episódio revolucionário como "acontecimento histórico revelador da ascensão da burguesia ao plano dirigente da sociedade".[10]

Por outro lado, o estabelecimento de conexões entre a burguesia industrial e o fim da República Velha aparece até mesmo em autores mais lúcidos na crítica às teorias dualistas. Não queremos com isso afirmar a incompatibilidade dessa crítica com o reconhecimento de contradições limitadas entre as diferentes frações da burguesia, que são um elemento importante nas disputas políticas dos anos posteriores à década de 1930. Discutimos a validade de uma transposição pura e simples de tais disputas para 1930, onde elas aparecem transfiguradas, por acréscimo, em chave explicativa do episódio revolucionário.

Andrew Gunder Frank foi quem levou mais longe o ataque ao dualismo, através da crítica às teses marxistas tradicionais, dividindo-as em três grandes grupos, que não se excluem mutuamente: feudalismo precedendo o capitalismo; feudalismo em coexistência com o capitalismo; feudalismo penetrado pelo capitalismo. Ao se referir à Revolução de 1930, Frank vincula-a à crise de 1929 e à política financeira de Washington Luís. As medidas tomadas pelo presidente, segundo a receita clássica, tendentes a limitar a circulação monetária e as despesas governamentais, teriam sido nefastas à indústria nacional e mesmo aos produtores do setor agrícola, em especial aos que se utilizavam de crédito a longo prazo:

> É necessário ver no êxito da "Revolução de 1930" uma das consequências desse estado de coisas. Esse movimento político e econômico foi sustentado pela burguesia industrial nacional, cujos interesses tinham sido lesados pelos acontecimentos; foi dirigido contra os meios agrários, comerciais e metropolitanos que haviam elaborado e executado a política do governo anterior, tirando proveito dela [...] Não constituía pois um acaso o fato de o novo presidente, Getúlio Vargas, ser originário do Rio Grande do Sul, que fora mais colonizado por pioneiros do que por latifundiários e onde surgira um novo centro manufatureiro regional.[11]

Sem afirmar que o episódio revolucionário representa, com exclusividade, o triunfo político da fração de classe, coincidindo nesse aspecto com Gunder Frank, Ruy Mauro Marini o explica como resultante da crise da economia cafeeira e da pressão da nova classe industrial para participar do poder.[12] A conexão entre industrialização-Revolução de 1930, na afirmativa desses autores, ocorreria não porque o movimento redunde, em última análise, em benefício da burguesia industrial, mas porque esta teria intervindo diretamente no episódio, como fração de classe.

A INDÚSTRIA NA DÉCADA DE 1920

Vamos procurar definir alguns traços essenciais da indústria brasileira na década de 1920, antes de entrar na análise do comportamento da categoria social. Se é certo que já existe no país um processo instalado de industrialização, como tantos autores têm assinalado, a indústria se caracteriza, nessa época, pela dependência do setor agrário-exportador, pela insignificância dos ramos básicos, pela baixa capitalização, pelo grau incipiente da concentração.

A fonte mais segura a respeito, mas que nos dá apenas os elementos referentes ao primeiro ano da década, é o recenseamento de 1920. Os dados mais gerais do censo indicam a existência, naquele ano, de 13 336 estabelecimentos industriais no país, com um capital de 1.815.156:011$000, empregando 275 512 operários, com uma produção no valor de 2.989.176:281$000. As atividades predominantes por setor são as têxteis e as alimentares, sendo significativo notar que os ramos básicos da infraestrutura industrial (siderurgia, mecânica pesada, por exemplo) não representam contingente apreciável.

Trata-se de uma indústria constituída em grande parte por pequenas unidades, característica que se mantém, em linhas gerais, vinte anos depois. Dos 13 336 estabelecimentos industriais recenseados em 1920, apenas 482 tinham mais de cem

INDÚSTRIA — 1920
Percentagem por ramos

	Produção (valor)	%
Indústrias da alimentação	1 200 118 000$	40,2
Indústrias têxteis	825 400 650$	27,6
Indústrias do vestuário e toucador	246 201 560$	8,2
Indústrias de produtos químicos propriamente ditos e análogos	237 315 001$	7,9
Outros grupos industriais	480 141 070$	16,1
TOTAL	2 989 176 281$	100,0

Fonte: *Recenseamento do Brasil* — 1920.

operários; pelo censo de 1940, de um total de 40 860 indústrias havia 1236 com mais de cem trabalhadores.[13] Do ponto de vista da distribuição geográfica, no que diz respeito ao número de operários, capital, força motriz, valor da produção, São Paulo aparece como centro mais importante, superando o Distrito Federal, que figurara em primeiro lugar no censo industrial de 1907. A produção paulista representa, em valor, 31,5%, a do Distrito Federal 20,8% e a do Rio Grande do Sul 11% da produção nacional, apresentando as principais unidades regionais os seguintes índices da tabela abaixo:

INDÚSTRIA — 1920
Distribuição geográfica

Unidades federadas	Capital (em contos de réis)	Força motriz (HP)	Valor da produção (em contos de réis)
São Paulo	537 817	94 099	986 110
Distrito Federal	444 169	69 703	666 276
Rio Grande do Sul	250 690	30 345	353 749
Rio de Janeiro	126 206	25 020	184 161
Minas Gerais	89 775	22 272	172 061
Pernambuco	90 981	14 957	136 479

Fonte: *Recenseamento do Brasil* — 1920.

No curso da década de 1920, após o recesso dos dois primeiros anos, decorrência da crise internacional, a indústria parece ter retomado o desenvolvimento em 1922, e sobretudo em 1923, para sofrer uma séria queda em 1924, da qual só se recuperaria, parcialmente, nos últimos anos do período, sem atingir o nível de 1923. É o que se infere do quadro (a seguir) de Roberto Simonsen. Esse autor, discursando em 1928 na inauguração do Centro das Indústrias de São Paulo, dizia que "o valor aproximativo da produção agrícola anual no Brasil é de cerca de 8 milhões de contos. O valor da produção industrial é avaliado em 4 milhões de contos. O valor da importação é de 3.200.000 contos e o da exportação de 3.860.000 contos. Na importação, 1.800.000 contos correspondem aos artigos manufaturados, 700 mil contos às matérias-primas, 700 mil contos a artigos de alimentação. Como o Brasil tem uma população de 37 milhões de habitantes, segue-se que o consumo *per capita* é de um pouco mais de 300$000 anuais. Segundo essas cifras, pode-se constatar como é mínima, ainda, a capacidade de consumo do brasileiro, e ver que nesse índice a produção industrial entra em cerca de 90$000".[14]

Sem dúvida, as atividades agrícolas são as fundamentais, pois, em 1920, o setor primário abrange 69,7% da população ativa, o secundário 13,8% e o terciário 16,5%, proporcionalidade

ÍNDICES DA PRODUÇÃO INDUSTRIAL — 1914-1930

	1914 = 100	BRASIL
Anos	Nominal	Ponderado
1914	100	100
1915	127	118
1916	164	140
1917	253	197
1918	247	171
1919	312	209
1920	308	188
1921	315	188
1922	401	218
1923	616	303
1924	461	194
1925	452	178
1926	504	193
1927	581	217
1928	747	284
1929	702	269
1930	617	260

Fonte: Roberto Simonsen, *Evolução industrial do Brasil*. São Paulo, Rev. dos Tribunais, 1939, p. 40.

que sofre poucas alterações vinte anos depois, com 65,1% para o setor primário, 14,8% para o secundário, 18,2% para o terciário.[15] É curioso observar a predominância da produção agrícola, não só — exemplo extremo — com relação aos Estados Unidos, como também com relação à Argentina. No final da década, em janeiro de 1929, havia no Distrito Federal um total de 1 937 fábricas, empregando 93 525 operários, com um capital de 641.661.000$. Os ramos têxteis e de alimentação continuavam a predominar, abrangendo aproximadamente 61% do capital empregado. No mesmo ano, São Paulo contava com 6 923 fábricas, empregando 148 376 operários, com um capital de 1.101.823:959$060. Os ramos têxteis e de alimentação representavam cerca de 60% do valor da produção.[16]

Do ponto de vista da estrutura social, se abandonarmos a imensa maioria de pequenos empresários, cujas atividades se assemelhavam muitas vezes às de um simples artesão, o setor que pode ser definido como burguês-industrial constituía uma faixa restrita do ponto de vista numérico, mas significativa, capaz de expressar, na esfera política, seus interesses específicos junto aos centros de decisão. Entretanto, seus limites se revelam no alcance das reivindicações: se excetuarmos as propostas de Serzedelo Correia e Amaro Cavalcanti, que aliás não podem ser considerados representantes políticos da burguesia industrial, ela não oferece qualquer programa industrialista como alternativa a um sistema cujo eixo é constituído pelos interesses cafeeiros.

AGRICULTURA E INDÚSTRIA — 1926
Valor da produção
(Dados aproximados e convertidos em mil-réis)

	Brasil	Argentina	Estados Unidos
a) Produção industrial	4 000 000 000$	4 700 000 000$	546 000 000 000$
b) Produção agrícola	8 100 000 000$	5 700 000 000$	101 000 000 000$

Fonte: Almanaque *The World*, 1928. Citado no *Annuaire du Brésil* (*1928*), Paris, 1928, p. 216.

O quadro a seguir indica a distribuição da burguesia industrial do estado de São Paulo por empreendimentos, no ano de 1930, adotando-se o critério de considerar "grande empresa" a que tenha capital igual ou superior a 5 mil contos.

A FRAÇÃO DE CLASSE E SUA INTERVENÇÃO NO EPISÓDIO REVOLUCIONÁRIO

Podemos agora, com essa visão descritiva muito geral, formular uma primeira indagação: a Revolução de 1930 expressaria, no Brasil, o ascenso à dominação política da burguesia industrial, sob a forma de uma intervenção direta da fração de classe no episódio revolucionário? Cabe examinar, nesta hipótese, qual o comportamento da categoria social em face do episódio e até que ponto é possível definir os agrupamentos partidários de oposição ou as figuras dirigentes do movimento de outubro como seus representantes políticos.

A campanha eleitoral às eleições presidenciais de março de 1930 abriu-se em fins de julho de 1929, com o lançamento da candidatura de Getúlio Vargas e a formação da Aliança Liberal. A iniciativa partiu de Minas Gerais e do Rio Grande do Sul, que se opuseram à chapa governista Júlio Prestes-Vital Soares, com a posterior adesão da Paraíba.

Mal esboçada a disputa, as principais associações industriais de São Paulo lançavam um manifesto, com data de 30 de julho de 1929, publicado com grande destaque na primeira página do *Correio Paulistano*, apoiando a candidatura Júlio Prestes. O documento era assinado, sem designação de nomes, pelo Centro das Indústrias do Estado de São Paulo, Centro dos Industriais de Fiação e Tecelagem, Centro das Indústrias de Papelão, Centro do Comércio e Indústria de Madeiras de São Paulo, Centro dos Industriais de Papel do Estado de São Paulo, União dos Fabricantes Nacionais de Papel, Associação dos Industriais e Comerciantes Gráficos, Centro dos Industriais de

INDÚSTRIAS COM CAPITAL IGUAL OU SUPERIOR A 5 MIL CONTOS — ESTADO DE SÃO PAULO — 1930

Indústrias têxteis de fios e tecidos
1. Fiação e tecelagem de algodão

Nome da fábrica	Firmas ou Cias.	Local	Capital e debêntures	Operários	Fusos	Teares	Força motriz elétrica (HP)
Argos Industrial	Argos Industrial S/A	Jundiaí	70 000 000$	750	6524	387	850
Brasital	Brasital S/A	Salto	70 000 000$	893	46 000	550	1600
"	"	S. Roque	60 000 000$	245	—	350	250
Azem	Cia. Fiação e Tecelagem Azem S/A	Jundiaí	60 000 000$	254	13 500	224	480
São Bento	Com. Fiação e Tecidos São Bento	Jundiaí	50 000 000$	736	12 044	450	827
Santo Antônio e São Paulo	Cia. Nacional de Estamparia	Sorocaba	22 803 660$	1121	42 000	1100	2721
Jorge Street	Cia. Paulista de Tecidos de Algodão	Capital	13 000 000$	—	16 000	504	1000
Taubaté Industrial	Cia. Taubaté Ind.	Taubaté	10 000 000$	1192	41 304	1288	2500
Cotonifício Rodolfo Crespi	Cotonifício Rodolfo Crespi S/A	Capital	10 503 851$	1098	32 000	776	2036
Jafet	Fiação, Tec. Estamp. Ipiranga "Jafet"	Capital	5 000 000$	1873	40 000	1400	2500
Belenzinho	Inds. Reunidas F. Matarazzo	Capital	12 000 000$	1783	43 648	1890	3929
Mariângela	"	Capital	10 000 000$	497	45 000	1603	2000
S. Paulo Alpargatas	Company S/A	Capital	23 762 660$	367	10 000	300	775
Cotonifício Scarpa	Scarpa S/A	Capital	60 000 000$	—	36 816	1041	2450
Japy	S/A Fábrica Japy	Jundiaí	5 530 000$	330	10 816	290	760
Votorantim	S/A Fábrica de Tec. Votorantim	Sorocaba	34 236 549$	2269	70 020	1466	4000
Tatuapé	S/A Moinho Santista	Capital	10 000 000$	842	16 180	644	1100

42

INDÚSTRIAS COM CAPITAL IGUAL OU SUPERIOR A 5 MIL CONTOS — ESTADO DE SÃO PAULO — 1930

2. Fiação e tecelagem de juta

Nome da fábrica	Firmas ou Cias.	Local	Capital	Operários	Fusos	Teares	Força motriz elétrica (HP)
Santana	Cia. Nacional de Tecidos de Juta	Capital	40 000 000$	3311	20 772	1576	4424
Penteado	Cia. Paulista de Aniagens	Capital	5 000 000$	1452	9500	575	1500

3. Fiação e tecelagem de seda

Nome da fábrica	Firmas ou Cias.	Local	Capital	Operários	Fusos	Teares	Força motriz elétrica (HP)
Nacional	S/A Inds. Seda Nacional	Campinas	6 000 000$	445	7000	—	—
Visco-Seda	Visco-Seda Matarazzo S/A	S. Caetano	3 200 000$	11 126	—	—	1100
Santa Branca	Cia. Tec. de Seda Santa Branca	S. Caetano	5 886 000$	196	—	184	216
Ítalo-Brasileira	S/A Tecelagem de Seda Ítalo-Brasileira	S. Caetano	22 572 000$	1332	—	610	600
Santana	"	S. Caetano	600 000$	87	—	60	30

4. Linhas para coser, cordas, barbantes

Nome da fábrica	Firmas ou Cias.	Local	Capital	Operários	Fusos	Teares	Força motriz elétrica (HP)
Cia. Brasil de Linhas para Coser		Capital	15 000 000$	1011	—	—	2600
F. Maggi & Cia. Ltda.		Capital	5 000 000$	500	—	—	500

5. Indústria de couro e peles

Nome da fábrica	Firmas ou Cias.	Local	Capital	Operários	Fusos	Teares	Força motriz elétrica (HP)
Franco Brasileiro	Cortume Franco Brasileiro S/A	Capital	5 500 000$	262	—	—	470

6. Indústrias de madeiras

Nome da fábrica	Firmas ou Cias.	Local	Capital	Operários	Fusos	Teares	Força motriz elétrica (HP)
Lameirão & Cia.		Capital	5 000 000$	30	—	—	450

INDÚSTRIAS COM CAPITAL IGUAL OU SUPERIOR A 5 MIL CONTOS — ESTADO DE SÃO PAULO — 1930

Indústria de preparação de metais, fabricação de máquinas, aparelhos e instrumentos

Nome da fábrica	Firmas ou Cias.	Local	Capital	Operários	Fusos	Teares	Força motriz elétrica (HP)
1. Fundição de aço	Cia. Bras. de Mineração e Metalurgia	S. Caetano	15 000 000$	112	—	—	1280
2. Ferro esmaltado	Fábrica de Ferro Esmaltado Sílex	Capital					
3. Máquinas para lavoura	Carlos Tonnani	Jaboticabal	5 000 000$	78	—	—	100
	Cia. Mecânica e Importadora de São Paulo (secção)	Capital	5 000 000$	86	—	—	400
	Torcuatto Di Tella S/A	Capital	5 000 000$	72	—	—	156
Ferragens e Cutilarias	Cia. Mecânica e Importadora de São Paulo (secção)	Capital	2 000 000$	82	—	—	252
	"	Jundiaí	3 000 000$	120	—	—	471
4. Vidros e cristais	Cia. Vidraria Sta. Marina S/A	Capital	5 000 000$	408	—	—	516
Indústrias da preparação de materiais para edificação							
1. Cimento e cal	Cimento Portland	Perus	44 060 800$	480	—	—	6500
2. Tijolos, telhas, tubos para esgoto e louças de barro	Cia. Mecânica (secção)	Capital	4 000 000$	210	—	—	584
Indústrias de produtos químicos							
1. Produtos químicos e farmacêuticos	Cia. Química Rhodia Brasileira	S. Bernardo	6 000 000$	280	—	—	200
	Soc. Produtos Químicos L. Queiroz	Capital	11 156 000$	78	—	—	100

INDÚSTRIAS COM CAPITAL IGUAL OU SUPERIOR A 5 MIL CONTOS — ESTADO DE SÃO PAULO — 1930

Nome da fábrica	Firmas ou Cias.	Local	Capital	Operários	Força motriz elétrica (HP)
2. *Fósforos*					
	Cia. Brasileira de Fósforos	Itatiba	2 000 000$	202	60
	"	Limeira	5 000 000$	169	60
	Cia. Fiat Lux S/A	Limeira	7 000 000$	228	150
Indústrias de alimentação					
1. Bebidas					
	Cia. Antarctica Paulista S/A	Capital	31 875 000$	731	3000
	Cia. Antarctica Paulista S/A	Rib. Preto	(incluído na matriz)	269	200
2. Cigarros, charutos e fumos manipulados					
	Castelões	Capital	5 000 000$	200	60
Indústrias do vestuário					
	Cia. Calçados Bordallo	Capital	7 000 000$	197	101
	Cia. Calçados Clark	Capital	7 800 000$	430	250
Artes gráficas					
	Cia. Melhoramentos de S. Paulo (secção)	Capital	2 000 000$	420	225
	Gordinho Braune S/A (secção)	Capital	3 600 000$	82	104
Papel e papelão					
	Brasital S/A (secção)	Salto	3 000 000$	49	835
	Cia. Fabril de Cubatão	Cubatão	6 000 000$	286	1500
	Cia. Melhoramentos	Caieiras	5 500 000$	790	400
	Gordinho Braune S/A	Jundiaí	3 600 000$	116	1000
Artefatos de borracha					
	S/A Fábricas Orion	Capital	7 633 492$	202	749
Empresas de eletricidade (capital igual ou superior a 10 mil contos)					
	Empresa Força e Luz de Rib. Preto	Rib. Preto	10 000 000$	129	
	S. Paulo Eletric. Co. Ltda.	Sorocaba	41 795 000$	135	
	City of Santos	Santos	17 111 147$	95	
	The São Paulo Transway Light and Power Co.	Capital	83 599 000$	não indicou	
	Southern Brazil Eletric Co. Ltd.	Piracicaba	20 624 760$	39	

Fonte: Secretaria da Agricultura, Indústria e Comércio do Estado de São Paulo, *Estatística Industrial de São Paulo — 1930*, São Paulo, Tip. Garraux, 1931.
Obs.: Incluímos, por vezes, firmas de capital inferior a 5 mil contos, quando constituíam dependência de firmas maiores. A não referência a número de operários diz respeito a empresas que estavam paralisadas em 1930.

Calçados de São Paulo. O apoio não ficava em uma declaração formal, mas anunciava a intenção da grande indústria de arregimentar politicamente o setor e a área sob sua influência. "Assim", dizia o documento, "no cumprimento de um dever cívico, cogitam (as indústrias paulistas) de formar, com elementos seus, um grande corpo eleitoral, cuja organização ficará a cargo do Centro das Indústrias do Estado de São Paulo, com a coadjuvação dos outros centros que vão tomar parte neste movimento."[17]

Sob as acusações da imprensa da oposição e talvez para esclarecer possíveis incompreensões de pequenos industriais não organizados nas associações de classe, a grande indústria voltava a público, dias depois, para explicar seu procedimento. A defesa, entretanto, não tinha o caráter de um recuo. Depois de dizer que as associações de classe signatárias do manifesto "desejavam esclarecer cabalmente aos industriais paulistas que não lhes eram filiados a sua interferência nos fatos que se prendiam à sucessão presidencial", ressalvando "que estas associações nunca fizeram política, pois a sua finalidade é e continua a ser outra", insistia-se no apoio à candidatura oficial e na arregimentação política do setor:

> Para os industriais, a vitória da chapa nacional Júlio Prestes–Vital Soares representa a integral execução do programa financeiro do atual governo da República; a observância da rígida moralidade administrativa que tem notabilizado aquele governo; o amparo a todos quantos, pelo seu trabalho, colaboram na grandeza do nosso país; a solução de importantíssimos problemas atinentes à vida industrial.

Isso justificava o comportamento das grandes associações de classe. Elas

> iriam proceder ao alistamento de todos os cidadãos que, trabalhando nas indústrias, tenham os requisitos exigidos por lei, ficando bem entendido que nenhum membro da coletividade industrial será compelido a figurar contra as suas convicções no número dos alistados. As indústrias passarão a ser uma forte potência eleitoral, sem que, no entanto, as suas associações representativas

se transformem em centros eleitorais ou passem a ter absorventes preocupações políticas.[18]

Concomitantemente, a 7 de agosto de 1929, o presidente da República, Washington Luís, recebia em audiência no Catete uma comissão de representantes das classes conservadoras, que lhe foram entregar uma mensagem de solidariedade, aprovada em sessão da Associação Comercial do Rio de Janeiro. Além da diretoria da Associação Comercial, compareciam à homenagem, cujo caráter de apoio à candidatura do governo era indisfarçável, Francisco de Oliveira Passos, pelo Centro Industrial do Brasil, Carlos da Rocha Faria e Vicente Galliez, respectivamente presidente e secretário do Centro de Fiação e Tecelagem de Algodão.[19]

Ao menos no caso de São Paulo, não há indício algum de que a grande indústria tenha mudado de atitude nos preparativos revolucionários após a derrota da candidatura Getúlio Vargas e no curso da Revolução de 1930. Mais comedido em seus pronunciamentos, pois, afinal de contas, a sorte da República Velha periclitava, o Centro das Indústrias de São Paulo enviou um telegrama de solidariedade aos poderes constituídos, dirigido ao vice-presidente do estado em exercício, Heitor Penteado, cinco dias após o início das operações militares.[20]

A nomeação do "tenente" João Alberto para a interventoria paulista abriu uma crise contínua entre os representantes políticos da burguesia de São Paulo e o governo central. O estado viveu quase dois anos em aguda tensão, passando pela tentativa de sublevação da Força Pública, a renúncia de João Alberto, as efêmeras interventorias Laudo de Camargo e Manoel Rabelo, a aparência de conciliação quando Pedro de Toledo assumiu o poder, até desembocar no episódio revolucionário de 1932.

Significativamente, a indústria de São Paulo nunca se aproveitou das fricções para se colocar ao lado do governo federal. João Alberto inquietou os industriais com algumas promessas na área trabalhista (garantia de quarenta horas de trabalho semanal, em face da crise; 5% de aumento geral de salários) e encontrou apoio em uma parte do setor agrícola, mesmo após a renúncia. Em torno de seu nome criou-se a Comissão de Organização da Lavoura, mais tarde denominada Federação das Associações dos Lavradores de São Paulo (15-11-31). A divisão do setor cafeeiro somente foi superada mediante uma violenta disputa entre os homens da Federação e a Sociedade Rural Brasileira, adversária da composição com o poder central. A vitória parcial da SRB, nas eleições para a nova diretoria do Instituto do Café de São Paulo (fins de 1931), constituiu um fato de extrema importância, impedindo que o Instituto "pudesse servir a fins políticos, especialmente antipaulistas".[21]

O episódio revolucionário de 1932 revela, por sua vez, o ajustamento da indústria paulista, ao lado das demais forças que se opuseram ao governo nascido da revolução. Na primeira quinzena de junho daquele ano, a Federação das Indústrias do Estado de São Paulo convocou os sócios da entidade para ouvir comunicações oficiais de Altino Arantes e Francisco Morato, que tinham importantes problemas por expor aos industriais, decidindo-se na reunião manter apoio moral e financeiro à Frente Única paulista. Logo após a eclosão da revolta, o órgão de classe dos industriais e a Associação Comercial, em manifesto conjunto, assinado em nome das classes conservadoras, deram sua adesão ao movimento.[22] A colaboração da indústria não arrefeceu no curso dos acontecimentos: ao partir para o exílio (outubro de 1932), Paulo de Moraes Barros, secretário da Fazenda do governo revolucionário, um dos campeões do anti-industrialismo na década de 1920, escreveu uma carta de louvores à FIESP, pela dedicação demonstrada no levante paulista.[23]

Por outro lado, o comportamento do ideólogo mais lúcido da industrialização, que sempre expressou muito mais os interesses de conjunto do setor do que esta ou aquela reivindicação específica, é exemplar, pois não indica discordância alguma com a atitude de frieza ou mesmo de oposição da grande indústria de São Paulo e do Distrito Federal com relação à Revolução de 1930. Roberto Simonsen esteve preso por alguns dias, logo após a revolução, como sócio da firma Murray, Simonsen & Cia., acusada de realizar operações irregulares com o café no governo Júlio Prestes. Chegou mesmo a queixar-se de que os processos contra ele instaurados foram os únicos levados até o fim, "só tendo triunfado a verdade" quando o general Daltro Filho assumiu a justiça de exceção. Ao ser deflagrado o movimento de 1932, Simonsen — presidente em exercício da FIESP — foi nomeado para vários cargos, entre eles o de presidente dos Serviços de Cadastro e Mobilização Industrial, órgão que realizou um considerável esforço de guerra e de organização da produção durante os meses de revolta. No fim do movimento recebeu um voto de louvor por sua atividade, em sessão da Federação das Indústrias, ocasião em que Otávio Pupo Nogueira — velho articulador dos industriais — referiu-se a Simonsen como pessoa "a quem os paulistas devem muitos dos trabalhos da retaguarda da Campanha Constitucionalista em que São Paulo se tem empenhado".[24]

O Partido Democrático de São Paulo e a indústria

No caso de São Paulo, é importante examinar a eventual conexão entre o Partido Democrático, constituído em fevereiro de 1926, e setores industriais. Como é sabido, esse partido foi adversário irredutível do presidente Washington Luís, integrou-se na Aliança Liberal e, embora estivesse praticamente afastado das articulações desenvolvidas entre março/outubro de 1930, não deixou de demonstrar simpatia pelos revolucionários. Além disso, os democráticos constituíram a força principal da corrente liberal-constitucionalista que expressou uma das tendências na luta por definir os rumos da revolução, nos anos 1930.

A hipótese de que o PD teria surgido como representação política de setores novos, supostamente dinâmicos, onde estariam incluídos os industriais, ao lado de grupos financeiros e das classes médias, não tem maior consistência. Um traço distintivo da agremiação é o fato de lograr articular-se, com uma razoável coerência ideológica, para além das pequenas disputas pessoais, e as duas grandes constantes dessa coerência são a reforma política e o anti-industrialismo. Quando Roberto Simonsen defendeu o protecionismo alfandegário, na primeira reunião do Centro das Indústrias de São Paulo, em junho de 1928, o jornal dos democráticos, em artigo assinado por Mário Pinto Serva, investiu violentamente contra o principal ideólogo da industrialização:

> É preciso repetir um milhão de vezes: o Brasil é um país essencialmente agrícola. O que lhe importa fundamentalmente é explorar, com a lavoura, a pecuária e a mineração, os 8.500.000 quilômetros quadrados que possuímos, e dos quais oitenta ou noventa por cento ainda estão desaproveitados. É apenas ridículo sacrificar o interesse dessa exploração ao de meia dúzia de industriais do Rio e de São Paulo.

E mais adiante:

> Os 300 mil operários que trabalham nas indústrias de estufa do Brasil poderiam, muito mais proveitosamente para o país, estar trabalhando nas lavouras, mais necessárias ao nosso desenvolvimento. À política da lavoura devem ficar subordinadas as diretrizes da nossa política aduaneira. E nada mais prejudicial à lavoura do que o protecionismo aduaneiro, que encarece formidavelmente tudo quanto a lavoura exige para seu consumo.[25]

A disputa levantada em torno do aumento de tarifas de tecidos de algodão (segundo semestre de 1928) é exemplar porque demonstra tanto a incompatibilidade entre o PD e a grande indústria como as conexões entre a fração industrial e o velho Partido Republicano Paulista. Sob a pressão de um recesso da demanda de tecidos de má qualidade nas áreas rurais, como consequência da queda de preços do café — o preço médio da saca de sessenta quilos caiu de 215$109 para 170$719 entre 1925 e 1926 —, vários industriais se especializaram na produção de tecidos médios e finos, a partir de meados da década de 1920. Ao penetrar nessa faixa do mercado, passaram a sofrer o impacto da concorrência inglesa, que foi acusada de realizar um *dumping* para liquidar a produção nacional. Os Centros Industriais se articularam em uma campanha visando ao aumento das tarifas de tecidos de algodão e à restrição das importações de maquinaria, alegando que o mercado não comportava a ampliação da capacidade produtiva existente.[26]

Em agosto de 1928, o senador paulista Arnolfo Azevedo, presidente da Comissão de Finanças do Senado e líder da maioria naquela Casa, reuniu os membros da Comissão para discutir a possibilidade de se efetuar a revisão tarifária, em benefício dos industriais. Nos últimos dias de novembro daquele ano, a Comissão de Finanças da Câmara, cujo presidente, Manoel Villaboim, era o líder da maioria, apresentou o projeto revisor, sendo designado o deputado Villaboim como relator da matéria. Durante o andamento da propositura, Villaboim e Arnolfo estiveram em São Paulo, comentando-se que sua viagem se ligava a um pacto político entre o PRP e os empresários têxteis Jorge Street, Francisco Matarazzo e Rodolfo Crespi.²⁷

Contrastando com essa atitude, logo após a apresentação do projeto o PD abriu fogo contra a revisão tarifária e a tentativa de restringir a importação de maquinaria. O *Diário Nacional* alertava seus leitores para o fato de que os industriais de tecidos iriam receber de Washington Luís o presente da majoração de tarifas e opunha imediatamente o tratamento preferencial dado à indústria ao "abandono em que se encontrava a agricultura":

> Os industriais de tecidos vão receber do sr. Washington Luís o presente da majoração das tarifas aduaneiras. É o paliativo caríssimo de que falávamos ontem. A lavoura, porém, não recebe nada. Nem remédio, nem paliativo. Terá que aguentar firme, no toco, com broca, falta de braços, campanha baixista dos torradores e empréstimos em ouro, até que a Providência venha um dia em seu auxílio.²⁸

Em resposta a um relatório do Centro de Fiação e Tecelagem de São Paulo insistindo na necessidade não só de rever a tarifa como de se impedir a importação de máquinas, os democráticos expressavam seu assombro, em nome dos ideais do liberalismo "manchesteriano", dizendo que

> é preciso fazer atenção ao fato de que o Brasil ainda possui uma lei básica, elaborada sob inspiração liberalíssima, a qual não admite privilégios de qualquer natureza e muito menos esse, que fere de morte o princípio da livre concorrência. Nós não desejamos e

ninguém de bom senso deseja que essa indústria desapareça completamente do Brasil. Achamos, porém, que o projeto Villaboim escorcha o consumidor e vai socorrer principalmente os industriais que não se prepararam para a luta, aqueles a quem os ingleses chamariam *unfit*, desse modo impedindo a seleção, coisa imprescindível para que haja progresso.[29]

Não obstante a oposição cerrada de alguns deputados, o projeto revisor tramitou celeremente na Câmara, a ponto de ser discutido em plena véspera de Natal, sob protestos do deputado Adolfo Bergamini, que acusou o governo de estar interessado em sua imediata aprovação e, antes mesmo do fim do ano, a Câmara aprovou-o por 107 votos contra dezessete.[30]

Um mês depois, o jornal da oposição paulista, ao fazer a crítica ao pensamento antiliberal de Oliveira Viana, dizia que, ao contrário do que pensava aquele autor, havia no Brasil uma classe organizada, a dos industriais de tecidos, capaz de exercer enorme pressão sobre os legisladores, a fim de obter um aumento considerável na pauta alfandegária.

Essa "pressão de fora" não foi, porém, de ordem moral, como desejaria o sr. Oliveira Viana. Muito pelo contrário... Não constitui, efetivamente, segredo para ninguém o fato de ter sido organizada uma "caixa", para o fim de conseguir-se o apoio de vários jornais e até as simpatias de alguns eminentes homens da República.[31]

O alinhamento dos dois partidos políticos de São Paulo com relação à burguesia industrial não tem um caráter esporádico, limitado ao episódio das tarifas. As ligações entre o PRP — sem dúvida, fundamentalmente, o representante dos interesses cafeeiros — e os setores industriais não constituem um acordo ocasional, mas uma íntima e permanente aliança. Nos anos 1920, os vários centros industriais mobilizaram fundos políticos para a velha agremiação em maior escala do que a própria Sociedade Rural Brasileira; afora as figuras partidárias desvinculadas da indústria, que se dispunham a levar avante suas reivindicações, os industriais tinham porta-vozes específicos no partido, como é o caso do senador Lacerda Franco, proprietário de uma fábrica têxtil em Jundiaí, comerciante em Santos, diretor do Banco União de São Paulo, fundador da Companhia Telefônica de São Paulo e presidente da Companhia Paulista.[32]

Em contraposição a esse quadro, o anti-industrialismo dos democráticos foi sempre uma constante, durante toda a existência do partido, com raríssimas exceções. Escrevendo após as eleições de março de 1930, o professor Fonseca Telles, futuro secretário da Viação e Obras Públicas do governo revolucionário de 1932, denunciava o tipo de ação desenvolvida pela indústria:

> Se é nova, reclama a tarifa a pretexto de defesa, nos primeiros passos de sua vida; se é velha, implora aumentos nas taxas existentes sob o falaz argumento de que elas não correspondem às condições atuais; as primeiras são indústrias de mamadeira; as outras, que já deveriam estar desmamadas, pedem dupla ração de leite, porque o apetite decerto cresceu com a idade.

Referindo-se à figura do industrial, dizia que se tratava algumas vezes de um comerciante hábil, outras apenas de um capitalista desejoso de experimentar um novo emprego de seus capitais, "nunca um industrial, na verdadeira acepção da palavra. Boa prova disso é a frequente dispersão de sua atividade por um grande número de indústrias, sem ligação natural entre elas, como se dá com o maior industrial de São Paulo...". Um fato curioso, ao qual não me parece se tenha dado a devida atenção, é o de serem industriais as maiores fortunas deste país "essencialmente agrícola".[33]

Uma razão suplementar para explicar as relações entre o PRP e a grande indústria, tendo-se presente a origem estrangeira de muitos empresários, é o fato de que a oposição se caracterizou por uma atitude xenófoba, em contraste com as aberturas cosmopolitas da "velha oligarquia". O PRP procurou sempre arregimentar estrangeiros na área de sua influência, servindo-se inclusive de seus "votos" para fraudar eleições; o PD tratou de aparecer como o legítimo herdeiro das melhores tradições paulistas. O manifesto de lançamento da candidatura Júlio Prestes, por exemplo, foi publicado em árabe e outras línguas estrangeiras, para grande escândalo dos democráticos, que não pouparam Júlio Prestes "por estar se tornando um grande homem até em turco!".

Quando, em outubro de 1928, ocorreram incidentes em Taiuva, no interior do estado de São Paulo, entre perrepistas e o deputado Zoroastro Gouveia, este atacou os adversários, chefiados por um certo Serafim Gonçalves Colletes, cidadão português, chamando-os de "canalha estrangeira, escorrência pútrida das aldeolas de além-mar... vilãos ruins, sicários vendidos à dinheirama de um traidor da nacionalidade, lama e pus da estranja, a enodoar o solo pátrio". Depois de dizer que "dentro do Brasil independente, os brasileiros se farão respeitar, arriscando a própria vida ante o frontismo e o imperialismo de opereta de vilões forasteiros", referiu-se ao chefe perrepista local como "bronco ilhéu apatacado que julga, com a sua enorme pata ferrada de ouro, poder acalcanhar a liberdade de pensamento e de crítica dos representantes do povo paulista". O correspondente do *Diário Nacional*, ao noticiar o conflito, dizia que "nos meios brasileiros o fato causou profunda consternação, tão patente se faz que São Paulo se vai desnacionalizando, graças ao contubérnio do partido dominante com esses ignóbeis elementos alienígenas".[34] Após as eleições de 1930, Aureliano Leite, ao fazer a defesa de Minas Gerais, respondia aos que diziam valer o estado de São Paulo mais do que o de Minas, por ser mais rico:

> Valem a mesma coisa. Efetivamente. O italiano ali da esquina, por ser mais rico do que eu, não vale mais do que eu valho. Também o turco acolá da avenida, por ser mais rico do que seu *vis-à-vis* professor Azevedo Marques, não vale mais do que o professor Azevedo Marques. Como igualmente o conde Matarazzo, por ser mais rico do que o seu vizinho, deputado Cardoso de Almeida, não vale mais do que o dito vizinho.[35]

A atitude da grande indústria paulista, apoiando a candidatura oficial nas eleições de 1930, não decorre, assim, de circunstâncias ocasionais, mas de um longo entendimento, fustigado pela oposição. Embora procurassem se limitar apenas aos diretores do Centro das Indústrias e não estender a todo o setor a responsabilidade pelo apoio das associações de classe à candidatura Júlio Prestes, por razões evidentemente eleitorais, os democráticos se lançaram ao ataque pessoal aos "encapuçados do manifesto", em uma alusão ao fato de que este não era assinado.[36] Após as eleições de 1930, a oposição paulista voltaria a atacar as associações signatárias de telegramas de apoio ao governo Washington Luís, enfatizando a crítica aos centros industriais. Depois de ressaltar o fato de que a Associação Comercial, a Liga Agrícola Brasileira e a Sociedade Rural não haviam se acumpliciado com o governo, perguntava o *Diário Nacional*:

> Quais, então, as sociedades que assim procedem? Uma Bolsa de Mercadorias, que, pela completa paralisação em seus negócios, verificada vai para mais de dois anos, deixou inteiramente de corresponder à sua finalidade, arrastando por aí vida penosa e estéril, com o só fito de se instalar pomposamente num palácio que a munificência oficial lhe permitiu construir, mediante avultado empréstimo, num dos pontos centrais da cidade. Um Centro dos Industriais de Fiação e Tecelagem, grêmio político, organizado especialmente para a obtenção de tarifas protecionistas, em troco do que se prontificou a obrigar todos os seus operários a sufragar o candidato do Catete. Clube perrepista, onde vão tramar suas negociatas com os poderes públicos aqueles cavalheiros que, governistas por temperamento e educação, não podem viver e prosperar senão debaixo do bafejo oficial. Um outro Centro das Indústrias de São Paulo, tão conhecido quanto as associações que o perrepismo costuma arranjar entre pseudo-operários às vésperas de suas campanhas. E ainda um Centro dos Industriais de Calçados, cujos membros não vão evidentemente além dos tacões.[37]

Na realidade, o Partido Democrático não expressa o impulso de "áreas modernizantes", supostamente identificadas com a indústria, mas uma aliança das classes médias de São Paulo com elementos descontentes do setor agrário. A tônica anti-industrialista reflete, porém, muito mais a visão agrarista da sociedade brasileira, de que era portadora a classe média paulista. Sem comprometimentos na esfera econômica com setores industriais, essa categoria social, nas condições da época, assume com toda a consequência o ataque à indústria, representada como um grupo de exploradores estrangeiros, produtores de artigos de má qualidade, responsáveis pela elevação do custo de vida.

As cisões gaúcha e mineira

Poder-se-ia dizer que, se parece claro não haver conexão entre a Revolução de 1930 e a burguesia industrial de São Paulo e mesmo do Distrito Federal, isso não eliminaria a caracterização do episódio em termos de um confronto entre interesses agrários e industriais, pois São Paulo, com exceção do Partido Democrático, alheio aliás às articulações de março/outubro de 1930, não se colocou ao lado dos revolucionários.

Na cisão gaúcha e mineira estaria refletida uma oposição dessa natureza, inexistente na área paulista?

Desde logo, seria estranho que uma revolução tendo por objetivo "consciente ou inconsciente" a expansão do capitalismo industrial no Brasil deixasse de sensibilizar o núcleo mais significativo da fração de classe cujos interesses iria promover. Afora essa constatação genérica, nada indica a possibilidade de se operar uma redução em termos "latifúndio *versus* indústria" para explicar a frente de oposição à candidatura de Júlio Prestes, formada pelos estados dissidentes. Embora seja muito pequeno o número de trabalhos significativos que permitem reconstituir as linhas gerais da formação social do Rio Grande do Sul e de Minas Gerais[38] — tornando-se difícil definir, por exemplo, para além das disputas pessoais, a persistência das rivalidades partidárias gaúchas ao longo da Primeira República, até a formação da Frente Única em 1929 —, alguns dados da estrutura socioeconômica de um lado, das origens sociais, meio cultural e comportamento dos principais representantes políticos de outro, possibilitam chegar a algumas conclusões.

No que diz respeito à estrutura socioeconômica, é problemático cogitar-se, no Rio Grande do Sul da década de 1920, num setor industrial plenamente constituído, à semelhança do que ocorria em São Paulo e no Distrito Federal. O estado ocupava, em 1920, o terceiro lugar na produção do país, com cerca de 11% do valor da produção. Analisando o quadro da indústria de Porto Alegre — já então a primeira cidade industrial do Rio Grande do Sul — para o ano de 1927, Paul Singer mostra a superioridade qualitativa do ramo de alimentos e bebidas, assinalando que tudo leva a crer ser o único (talvez ao lado dos produtos químicos, têxteis e couros e peles) a ter atingido características verdadeiramente fabris.[39] Observe-se também a importância considerável da indústria do frio, amplamente dominada pelos frigoríficos estrangeiros: o Anglo, instalado em Pelotas; a Companhia Swift do Brasil, em Rio Grande; a Armour, em Livramento.[40]

No nível político, a Frente Única gaúcha, reunindo libertadores e republicanos em torno da candidatura Getúlio Vargas, é uma composição de velhos oligarcas da política estadual e alguns jovens que surgem no interior das agremiações partidárias, mais como equipe de substituição do que de ruptura. Entre os velhos, os dois maiores líderes do Partido Republicano e do Partido Libertador, Borges de Medeiros e Assis Brasil, eram estancieiros ligados diretamente ao meio rural; à fazenda do Irapuazinho e à estância de Pedras Altas acorriam, para as articulações e o indispensável beija-mão, republicanos e libertadores.[41]

Os quadros jovens, que iriam preparar a Revolução de 1930 e arrastar os antigos nomes para a conspiração, não estavam ligados a setores industriais, fosse por suas origens, fosse por influência do meio cultural em que viviam. Getúlio Vargas era filho do general Manuel do Nascimento Vargas, combatente da guerra do Paraguai, estancieiro e chefe republicano de São Borja. Osvaldo Aranha estava vinculado por vários laços aos núcleos tradicionais paulistas. Do lado paterno, sua família deitava raízes no interior do estado, onde aliás nascera seu pai, o "coronel" Euclides Aranha; o tio materno de Osvaldo — senador Freitas Vale — viera do Rio Grande do Sul para São Paulo, tornando-se figura de projeção, amigo de Washington Luís e proprietário da famosa Vila Kirial, centro de reunião dos meios literários e artísticos da época. Lindolfo Collor provinha de meio mais modesto, descendente de imigrantes alemães, tendo se formado na pouco prestigiosa Escola de Farmácia de Porto Alegre, provavelmente por dificuldades financeiras. João Neves da Fontoura e Batista Luzardo eram filhos de fazendeiros. O pai de João Neves foi chefe político de Cachoeira e várias vezes prefeito da cidade. Maurício Cardoso era filho do sergipano Melquisedec Cardoso, que viera muito cedo para o Rio Grande do Sul, onde fez carreira na magistratura, chegando a desembargador, além de ter sido professor da faculdade de direito.[42]

O comportamento político desses homens nos anos 1920 revela uma atitude de indiferença, senão de hostilidade, às reivindicações específicas dos industriais.

Embora tenha assinado o projeto original da reforma das tarifas de tecidos de algodão, Lindolfo Collor nunca revelou maior simpatia pela indústria. Em agosto de 1924, por exemplo, enviou uma carta a Otávio Pupo Nogueira, a propósito das rivalidades existentes entre fabricantes e distribuidores de tecidos, onde utiliza argumentos idênticos aos dos jornais porta-vozes da ideologia anti-industrialista. Collor acentuava a necessidade de os empresários considerarem o público na fixação de preços, em troca de favores governamentais, "sem a obsessão de acumular do dia para a noite enormes fortunas que o público os acusa de juntar, fortunas que em regra se originam dos sacrifícios e sofrimentos das classes menos favorecidas, a grande maioria dos consumidores brasileiros".[43]

O nome de Plínio Casado, político libertador, figura em um projeto apresentado à Câmara, em setembro de 1928, por um deputado pelo Rio Grande do Norte — João Elísio —, estabelecendo condições para que os artigos de produção nacional fossem considerados similares aos importados. O projeto era restritivo à indústria porque pretendia fixar normas com o objetivo de diminuir as hipóteses de similaridade, o que importava em conceder isenções tarifárias à importação de um grande número de produtos "sem similar na indústria nacional".[44]

Ao se discutir a revisão da tarifa de tecidos na Câmara, outro libertador, membro da Comissão Executiva da Aliança Liberal, Batista Luzardo, esteve entre os mais intransigentes adversários do projeto, ao lado, aliás, de Adolfo Bergamini, representante do Distrito Federal e seu companheiro na Comissão Executiva da Aliança. Luzardo pintou os industriais como um grupo de pressão poderoso e corruptor, que manipulava operários para alcançar seus objetivos particulares:

> Agora mesmo, após o discurso do nosso digno companheiro, representante do Distrito Federal, Mário Piragibe, expondo a maneira por que havia sido procurado por uma comissão de operários e explicando qual fora, no caso, a sua atuação [...], mais reponta em nosso espírito a convicção, aliás já existente desde a leitura da entrevista do sr. Maurício de Medeiros, de que os industriais são, realmente, homens poderosos, de elevada fortuna, e que, bem o sabemos, reservam soma considerável para atender às despesas necessárias com a propaganda de qualquer pretensão que lhes surja no espírito, sobretudo no dos de São Paulo, a cuja frente se acham o sr. Matarazzo e o "campeão" sr. Jorge Street. Não admira, pois, que a manobra levada a efeito através de um grupo de operários tenha sido intentada por iniciativa desses mesmos industriais.[45]

Em um contexto diverso, após a Revolução de 1930, ao ser efetivado no Ministério da Fazenda, afirmaria Osvaldo Aranha, em entrevista à imprensa, ser "contrário à intervenção do governo na vida comercial do país para valorizar o produto e manter indústrias fictícias".[46]

Talvez nada elucide melhor a ausência de perspectiva industrialista nos representantes políticos gaúchos do que o comportamento do líder da bancada na Câmara Federal, João Neves da Fontoura, ao explorar, naquela Casa, em novembro de 1929, os reflexos da crise mundial no Brasil, para capitalizar argumentos em favor da Aliança Liberal. João Neves não propõe uma política industrializante como alternativa à derrocada do núcleo agrário-exportador. Pelo contrário, seu ataque não ultrapassa os limites da crítica a certa política cafeeira concretizada nas operações valorizadoras, cujo efeito principal consiste em impedir a diversificação da produção agrícola. No final de seu discurso, o líder da bancada gaúcha conclui citando o deputado estadual paulista Orlando Prado, procurando evidenciar que o desvio de energias para o café e o aumento de salários dos trabalhadores agrícolas provocara a ruína de lavouras importantes, como as do algodão e do açúcar.[47]

A tal ponto, na consciência de alguns homens da época, os quadros políticos gaúchos, articuladores da Revolução de 1930, apareciam desvinculados de interesses industrialistas, que se chegou mesmo a associar esses quadros, pura e simplesmente, ao meio rural:

> O Rio Grande do Sul, até agora, não tivera uma atuação exclusiva e preponderante na direção do país. Quiseram os maus fados desse nobre estado que, no momento de realizá-la, viessem exprimir-lhe as qualidades homens representativos da sua vida campestre, ao invés da civilização urbana dos pampas. Por isso assistimos, no governo do Brasil, a uma mentalidade puramente pastoril, com todos os traços de sua larga incapacidade.[48]

De fato, se a identificação dos representantes políticos gaúchos com o meio rural é, no texto apontado, uma arma ideológica de que se serve o autor para apontar as raízes ecológicas da "incapacidade gaúcha", cuja versão posterior seria o "caudilhismo inato dos homens dos pampas", uma tentativa de estabelecer relações entre os quadros políticos do Rio Grande do Sul e interesses industriais não tem consistência alguma.

No caso mineiro, não obstante existir um núcleo industrial de alguma significação em Juiz de Fora[49] — a que estaria ligado Antônio Carlos —, é flagrante a predominância da grande propriedade rural e dos grupos sociais que dela derivam seu domínio. Em termos de distribuição de atividades, ainda em 1940 a população ativa acima de dez anos assim se dividia:

Agricultura e pecuária — 82%
Comércio, transporte e comunicações — 7%

Indústria de transformação — 6%
Indústria extrativa — 3%
Profissões liberais, culto e administração privada — 2%

O principal componente da velha política mineira — cujos traços essenciais perduram, significativamente, durante toda a década de 1930 — se traduz na constituição de uma poderosa e quase impenetrável oligarquia que se divide e entrelaça na medida dos interesses comuns e ligações familiares. Expressão típica dessa estrutura de dominação política é a célebre "Tarasca", a Comissão Executiva do Partido Republicano Mineiro. Se a divisão das atividades econômicas regionais não é de nenhum modo indiferente às lutas pelo predomínio político no interior do PRM, o corte significativo não se dá em termos de interesses agrários em oposição a interesses industriais.[50]

Os políticos mineiros que se lançam à campanha da Aliança Liberal e entram, posteriormente, nas articulações revolucionárias, desde os mais contemporizadores, como Antônio Carlos e Artur Bernardes, aos mais audazes, como Francisco Campos e o "tenente civil" Virgílio de Melo Franco, têm sólidas raízes na vida política mineira e provêm de suas famílias tradicionais. Antônio Carlos era filho de Antônio Carlos Ribeiro de Andrade, neto dos patriarcas da Independência e de uma irmã do visconde de Lima Duarte. Artur Bernardes, ligado a um velho tronco mineiro — os Vieira de Souza — pelo lado materno, casou-se em Viçosa com uma filha de um político do Império e da República, o senador Vaz de Melo. O casamento consolidou o domínio da família Vaz de Melo-Bernardes na política de Viçosa, do século passado até os nossos dias. Virgílio de Melo Franco descendia dos Melo Franco, antiga estirpe que, em sua primeira geração brasileira, ligou-se aos Caldeira Brant e forneceu inúmeros quadros políticos ao Império. Como se sabe, o pai de Virgílio, Afrânio de Melo Franco, foi figura preeminente da Primeira República e primeiro-ministro do Exterior do governo Vargas. Os Campos e os Capanema provinham de famílias descendentes do velho tronco familiar da política de Minas Gerais, os Rodrigues Velho-Campos, de Pitangui.[51]

Ideologia da Aliança Liberal

No curso da Primeira República as campanhas políticas fazem escasso apelo para atrair o voto popular, subordinado à fraude e ao mecanismo do reconhecimento de poderes. As manifestações ideológicas de tipo eleitoral são, em regra, indiferençadas. Como disse Barbosa Lima Sobrinho,

> em todas as nossas sucessões presidenciais, excetuada a de 1909, não apareceram divergências de doutrina, não se formaram interesses coletivos ou reivindicações de classes. Apenas teses de amplitude e imprecisão inexcedíveis, para não irritar ninguém, dentro dessa enorme região amorfa em que se travam os debates partidários no Brasil.[52]

Essa amorfia corresponde também à inexistência de uma oposição frontal entre frações nacionais de classe no interior das classes dominantes.

Nos manifestos da Aliança Liberal não se encontram traços de um programa industrialista. Sem dúvida, a plataforma "aliancista" não se dirige de modo direto ao "mundo rural", como é o caso da plataforma da candidatura de Júlio Prestes, onde há expressa referência ao fazendeiro como "tipo mais representativo da nacionalidade" e à fazenda como "lar brasileiro por excelência, onde o trabalho se casa à doçura da vida e a honestidade dos costumes completa a felicidade". Alguma coisa de novo se filtra, tanto em algumas promessas dirigidas à classe operária, aludindo à aplicação da lei de férias e ao advento do salário mínimo, como nas afirmações acerca da necessidade de se resolver o problema siderúrgico, associadas menos ao desenvolvimento industrial que à segurança nacional.[53]

Mas essa linguagem ligeiramente diversa não se concretiza em uma perspectiva industrializante, se por tal perspectiva se entender medidas como o controle do câmbio para favorecer as importações essenciais à indústria, incentivos fiscais, investimentos estatais nas indústrias de base. Pelo contrário, a velha diferença entre indústrias naturais e artificiais — que operam respectivamente com matéria-prima existente no país ou importada — aparece tanto no documento aprovado na convenção da Aliança (setembro de 1929), redigido por Lindolfo Collor, como em sua plataforma. Condena-se o protecionismo concedido às últimas, sob a alegação de que assim se encarece o custo de vida em benefício de empresas privilegiadas; a proteção ao trabalhador, por sua vez, é colocada em termos de contrapartida aos privilégios de que gozavam os industriais.[54]

Além disso, não se devem tomar ao pé da letra certas afirmações eleitorais explorando temas e problemas claramente à espera de solução. A referência à indústria siderúrgica pode ser encontrada também na plataforma de Júlio Prestes, onde se acentua que

> a riqueza decorrente da produção do ferro e do aço será calculada quando cessarmos a sua importação, desde os instrumentos da lavoura até os instrumentos pelos quais se aferem da força e do progresso dos povos civilizados. Não vacilemos ante as dificuldades e os tropeços que esse problema tem apresentado; enfrentemo-lo com o ânimo de deixá-lo resolvido, que teremos prestado um grande e inestimável serviço à causa nacional.[55]

Não se pode negar a existência de disputas entre o setor agrário e o industrial das classes dominantes ao longo da Primeira República, nem a hábil construção ideológica efetuada pelos grupos agrários que produziram a imagem dos industriais como elementos parasitários, operando indústrias artificiais graças ao protecionismo, responsáveis pela alta do custo de vida, imagem enraizada profundamente nas classes médias daquela época.

De fato, seria falso dizer que há inteira convergência de interesses entre ambos os setores. A observação de que a política financeira, tendente a evitar a melhoria do câmbio para possibilitar o êxito das operações valorizadoras, acaba por favorecer os industriais, só é verdadeira até certo ponto. Se de um lado ela representa uma forma indireta de protecionismo para o mercado interno, de outro dificulta a importação de matérias-primas e instrumentos de produção, indispensáveis à atividade fabril. Apenas em determinadas circunstâncias e com relação a certos ramos a manutenção da taxa cambial em nível baixo representa uma medida sob todos os aspectos favorável. Isso parece ocorrer, por exemplo, com a indústria têxtil, que opera com capacidade ociosa e se beneficia da fixação da taxa cambial em menos de seis dinheiros por mil-réis, ao ser criada a Caixa de Estabilização, por Washington Luís, em 1926.

Não obstante a existência de atritos, há uma complementariedade básica, nos núcleos dominantes do país — São Paulo e Distrito Federal, em particular —, entre os setores agrários e industriais, sob hegemonia da burguesia do café. Isso decorre da própria formação da fração industrial, que nasce com o avanço dos negócios cafeeiros e deles depende para sua própria sobrevivência. Como mostra Warren Dean, ao contrário do que geralmente se supõe, os bons anos do café — o período 1907-1913, por exemplo — são também anos de ascenso da indústria, incentivada pela maior demanda interna.[56]

Vinculada à classe hegemônica, associada a ela, embora possa receber uma fatia menor do excedente econômico, a burguesia industrial não tem razões nem condições para propor um projeto de estruturação do país diverso do existente. Nos limites de seus interesses particulares, os industriais das áreas dominantes constituem, na década de 1920, um setor a um tempo significativo e subordinado.

Por outro lado, nada é mais distante da realidade do que a imagem de uma nascente burguesia industrial desenvolvimentista com características de um núcleo dinâmico e modernizador da economia, interessado na constante ampliação do mercado e na produção em massa. O malthusianismo da indústria têxtil brasileira — comportamento que persiste por toda a década de 1920 e grande parte dos anos 1930 — é um exemplo típico da adaptação do setor às condições de um mercado estruturalmente estreito e guarda extraordinária semelhança com a ação desenvolvida pela burguesia industrial de outros países latino-americanos.[57] Nessas condições, sem um projeto nacional de desenvolvimento, limitada à defesa de objetivos geralmente atendidos que visavam a garantir a realização do lucro, por que iria a burguesia industrial ligar-se a um agrupamento político de oposição em que nem os nomes nem o programa tinham para ela algum apelo especial?

O ESTADO COMO REPRESENTANTE DA BURGUESIA INDUSTRIAL

O problema das conexões entre a Revolução de 1930 e a burguesia industrial não se esgota com a análise do comportamento da fração de classe no episódio revolucionário, mas tem outras dimensões.

A incapacidade da burguesia industrial (nacional) dos países subdesenvolvidos para elevar-se além da defesa de seus interesses particulares e formular um projeto de desenvolvimento é hoje um dado assente na análise sociológica. No caso brasileiro, como observa Fernando Henrique Cardoso,

> o crescimento industrial obtido pela iniciativa privada até a década de 50 foi, por assim dizer, "empírico", isto é, os capitais eram aplicados nos setores que, a curto prazo, davam maiores lucros, num movimento contínuo de adaptação gradativa às circunstâncias econômicas. Para ultrapassar o subdesenvolvimento, era necessário conduzir a ação econômica por um tipo de orientação valorativa que visse nas modificações estruturais da economia, todas de longo prazo, a razão de ser das inversões, e que transformasse, portanto, a motivação e aspiração de lucro em incentivo e alvo indireto. Numa economia onde a taxa de acumulação é alta, o volume dos lucros grande, e as decisões econômicas são autônomas, esse cometimento pode ser empreendido pela burguesia nacional.

Numa economia subdesenvolvida, que se caracteriza por condições opostas a essas, para que a iniciativa privada se lance à proeza do desenvolvimento é preciso que haja o apoio maciço de recursos externos de capital, ou então que o Estado carreie a poupança nacional e canalize as energias criadoras da Nação para a iniciativa privada.[58]

Diante da incapacidade da burguesia nacional em promover seus interesses de classe, teria ocorrido o patrocínio destes, "do alto", pela ação relativamente autônoma e substitutiva do Estado, nos anos que se seguiram à Revolução de 1930? Não se pode descartar a hipótese de que, não obstante sua formação estranha às ideias industrialistas, os quadros políticos que assumiram o poder com a revolução tenham formulado um programa de desenvolvimento em última análise em benefício da fração de classe, sob o impacto da crise mundial.

É necessário distinguir, nesse aspecto, a ação do Estado no sentido de promover efetivamente a industrialização de outras situações que teriam levado ao crescimento das atividades do chamado setor secundário da economia. Assim, na análise de Celso Furtado, os anos imediatamente seguintes à Revolução de 1930 seriam caracterizados pelo desenvolvimento industrial graças aos efeitos reflexos da ação do Estado, tendente a evitar o colapso da economia cafeeira (compra e queima de café), combinada a uma situação favorável à substituição de importações, resultante da queda da capacidade de importar. Para os limites desta discussão, importa sobretudo verificar até que ponto é válida a imagem de uma "revolução do alto" promovida pelo Estado nos anos 1930-37, no sentido da industrialização e do desenvolvimento, substituindo-se à burguesia industrial, mas agindo em seu interesse.

É muito problemático afirmar que o governo Vargas tenha perseguido coerentemente esses objetivos nos anos posteriores a 1930.[59] A política governamental se subordinava à expectativa de retomar o poder de compra do país no exterior e à ideia de que o comércio livre, na esfera internacional, seria restaurado. As revisões tarifárias e os acordos comerciais foram formulados a partir desse critério. Por outro lado, o caráter fundamental da economia cafeeira se impunha e, a cada passo, o governo insistia na necessidade de promover as atividades agrícolas.

Os aumentos de tarifas estabelecidos em 1931 e 1934 não só não tinham caráter protecionista — afirma-se isso taxativamente nos *consideranda* ao Decreto nº 24.575, de 4 de julho de 1934, regulando a organização de bancos de crédito industrial — como foram em grande parte anulados pela possibilidade de se firmarem acordos comerciais baseados em pautas mínimas, inferiores às existentes antes de 1930. O acordo assinado com os Estados Unidos em 1935, por intermédio do ministro Osvaldo Aranha, objetivando ampliar as vendas de café no mercado americano, foi duramente criticado na Câmara e no Senado pelos representantes dos industriais. De fato, em troca de facilidades de entrada nos Estados Unidos para o principal produto de exportação brasileira, o governo Vargas reduziu a tarifa para a importação de inúmeros manufaturados já fabricados no país.

A maneira pela qual se utilizou o relativo desafogo da balança de pagamentos resultante da suspensão parcial do pagamento da dívida externa (Decreto nº 23.829, de 5 de fevereiro de 1934) é uma clara demonstração de como um projeto de desenvolvimento era estranho às preocupações governamentais nesse período. A melhoria das condições financeiras possibilitava a ampliação das importações, com a introdução de um critério seletivo que estabelecesse prioridades para bens essenciais ao desenvolvimento econômico, como combustíveis, maquinaria, determinadas matérias-primas. Entretanto, em vez de estabelecer essas prioridades, o governo Vargas optou pelo livre intercâmbio, permitindo o que Simonsen chamou "orgia de importações". As novas dificuldades econômicas daí resultantes incentivaram, aliás, os partidários de um golpe de Estado, que seria desfechado, afinal, em 1937.

Se o desenvolvimento industrial não foi um objetivo da prática política de Vargas entre 1930 e 1937, isso não significa que o Estado tenha adotado uma linha contrária aos interesses da burguesia industrial. Do ponto de vista político, alguns elementos do setor obtiveram postos de comando de importância variável: os industriais de tecidos Guilherme da Silveira e Jorge Street tornaram-se, respectivamente, presidente do Banco do Brasil e diretor da Divisão Industrial do Ministério do Trabalho; no plano econômico, as próprias preocupações pelo equilíbrio financeiro e a necessidade de restringir importações conduziram a incentivos em algumas áreas, especialmente nas da indústria extrativa e da agroindústria.

A partir de fevereiro de 1931 estabeleceu-se a obrigatoriedade da adição de álcool-motor à gasolina importada. Um decreto de junho do mesmo ano (Decreto nº 20.089) autorizou o Lloyd Brasileiro e a E. F. Central do Brasil a comprar toda a produção das companhias nacionais de mineração de carvão, determinando ainda que todo importador comprovasse ter adquirido produto nacional em quantidade correspondente a 10% do que pretendesse importar, percentagem elevada para 20% em 1937. A última exigência foi estendida à utilização do xisto betuminoso, que, em mistura com o carvão, permitia reduzir as importações deste (Decreto nº 22.677, de 28 de abril de 1933). A proibição das exportações de sucata de ferro, metais e ligas inservíveis e passíveis de transformação (Decretos nºs 23.565, de 7 de dezembro de 1933 e 23.884, de 19 de fevereiro de 1934) favoreceu a indústria metalúrgica. Incentivos foram concedidos às organizações que construíssem fábricas de cimento no Brasil com capacidade mínima de 25 mil toneladas (Decreto nº 21.829, de 14 de setembro de 1932), enquanto a indústria da carne obteve a redução de 30% sobre os direitos referentes a materiais por ela importados (Decreto nº 21.585, de 29 de junho de 1932).

O grupo de pressão formado pelos industriais de tecidos realizou seu velho sonho de impedir que se ampliasse a capacidade produtiva existente, por meio de um decreto de março de 1931 (Decreto nº 19.739), que proibiu, pelo prazo de três anos, a importação de maquinaria destinada a indústrias já existentes no país e cuja produção, a juízo do governo, fosse considerada excessiva. Em novembro de 1933 o prazo de proibição foi prorrogado até 1937, a pedido da Federação Industrial do Brasil e do Centro Industrial de Fiação e Tecelagem, considerando-se em superprodução as indústrias de tecidos, chapéus, calçados, açúcar, papel e fósforo.

Essas medidas esparsas não podem ser confundidas, entretanto, com um plano desenvolvimentista de modificações estruturais da economia. Se as contrastarmos com o atendimento aos interesses do café, torna-se claro que os primeiros anos posteriores a 1930 se caracterizam pela atenção dada às diversas frações burguesas, e não por uma ação efetiva do Estado visando à industrialização, nas condições de incapacidade da burguesia nacional.

A Revolução de 1930, seja sob a forma direta de intervenção da fração de classe, seja sob a forma mediada de uma "revolução do alto", não foi um movimento que tenha conduzido a burguesia industrial à dominação política. Isso não elimina certas conexões entre o processo de industrialização e o episódio revolucionário, como veremos adiante, pelos efeitos reflexos da ação do Estado, tanto na forma descrita por Celso Furtado como pelo sentido geral que assume essa intervenção.

NOTAS

(1) Rodolfo Stavenhagen, "Seven Fallacies about Latin America", in *Latin America — Reform or Revolution*. Fawcett, Nova York, 1968, pp. 14 e 15.

(2) As teses aprovadas no 2º Congresso do PCB, realizado em maio de 1925, referiam-se à luta entre o capitalismo agrário semifeudal e o capitalismo industrial moderno como sendo a contradição fundamental da sociedade brasileira após a República. Cf. Astrogildo Pereira, *Formação do PCB*, Rio de Janeiro, Ed. Vitória, 1962, p. 66.

(3) *El movimiento revolucionario latinoamericano*, SSA da IC, Buenos Aires, 1929.

(4) Astrogildo Pereira, *op. cit.*, pp. 120 e ss.

(5) A crítica ao núcleo de São Paulo deve se referir à aliança entre este e o Partido Democrático nas eleições estaduais de fevereiro de 1928.

(6) Cf. Leôncio Basbaum, *História sincera da República*, Rio de Janeiro, Liv. São José, 1958, pp. 346 e 353.

(7) Fernando Lacerda, Luís Carlos Prestes e Sinani, *A luta contra o prestismo e a revolução agrária e anti-imperialista, Brasil, 1934*, p. 89. O texto é do ensaio de Sinani: "As lutas interimperialistas na América do Sul e Central".

(8) "Aproveitar a crise geral para golpear os quadros políticos mais conservadores e formalísticos foram objetivos coincidentes dos grupos industriais interessados, na retaguarda, e dos revolucionários 'tenentistas', na vanguarda. Aproveitando-se dos anseios patrióticos dos chamados 'outubristas', a indústria, a soldo do banqueirismo, conseguiu, ao final, novas e efetivas posições de comando." Abguar Bastos, *Prestes e a revolução social*, Rio de Janeiro, Calvino, 1946, p. 51.

(9) Cf., respectivamente, Nelson Werneck Sodré, *Formação histórica do Brasil*, São Paulo, Brasiliense, 1963, p. 328, e *História da burguesia brasileira*, Rio de Janeiro, Civilização Brasileira, 1964, p. 290.

(10) Wanderley Guilherme, *Introdução ao estudo das contradições sociais no Brasil*, Rio de Janeiro, ISEB, 1963, pp. 21 e 44. O livro é muito curioso como exemplo, nesse aspecto, de análise mecanicista. O autor considera que uma classe ou fração de classe, dominante na instância econômica, deve se tornar necessariamente dominante também na instância política. Depois de procurar demonstrar a primeira premissa — no caso a dominação econômica da burguesia industrial no fim dos anos 1920 —, dela deduz o caráter nacional-burguês da revolução, cujos objetivos já estariam "dados" de antemão pela estrutura da economia.

(11) Andrew Gunder Frank, "Capitalist Development and Underdevelopment in Brazil", in *Capitalism and Underdevelopment in Latin America*. *Monthly Review Press*, Nova York, 1967. A citação é da edição francesa *Capitalisme et sous-développement en Amérique Latine*, F. Maspero, 1968, p. 166.

(12) Ruy Mauro Marini, *Perspectivas da situação político-econômica brasileira*, p. 90. A referência se encontra no ensaio "A dialética do desenvolvimento capitalista no Brasil".

(13) Werner Baer, *A industrialização e o desenvolvimento econômico do Brasil*, Rio de Janeiro, Fund. Getúlio Vargas, 1966, p. 275.

(14) Citado em Francisco Guimarães, *Annuaire du Brésil (1928)*, Paris, 1928, p. 216.

(15) Werner Baer, *op. cit.*, p. 20.

(16) Respectivamente, Ministério da Agricultura, Indústria e Comércio, *O Brasil atual*, Rio de Janeiro, 1930; Secretaria da Agricultura e Comércio do

Estado de São Paulo, *Estatística industrial do Estado de São Paulo*, São Paulo, Tip. Garraux, 1930.
(17) *Correio Paulistano*, 3-8-29.
(18) *Correio Paulistano*, 10-8-29.
(19) *Correio Paulistano*, 9-8-29
(20) *Correio Paulistano*, 10-10-30.
(21) Paulo Nogueira Filho, *Ideais e lutas de um burguês progressista. A Guerra Cívica-1932*, Rio de Janeiro, J. Olympio Ed., 1965, 2º vol., p. 295.
(22) Clóvis de Oliveira, *A indústria e o movimento constitucionalista de 1932*, São Paulo, CIESP/FIESP, 1956, pp. 23 e ss.
(23) Roberto Simonsen, *A indústria em face da economia nacional*, São Paulo, Rev. dos Tribs., 1937, p. 13.
(24) Roberto Simonsen, *op. cit.*, p. 12.
(25) *Diário Nacional*, 7-6-28.
(26) Stanley Stein, *The Brazilian Cotton Manufacture: Textile Enterprise in an Underdeveloped Area, 1850-1950*, Cambridge, Harvard Un. Press., 1957, pp. 115 e ss.
(27) Stanley Stein, *op. cit.*, pp. 126 e ss., e *Diário do Congresso Nacional*, 6-12-28.
(28) *Diário Nacional*, 29-11-28.
(29) *Diário Nacional*, 1-12-28.
(30) *Diário do Congresso Nacional*, 27-12-28.
(31) *Diário Nacional*, 2-2-29.
(32) Stanley Stein, *op. cit.*, pp. 125 e ss.
(33) *Diário Nacional*, 8-4-30.
(34) *Diário Nacional*, 28-12-29; 31-10-28.
(35) *Diário Nacional*, 28-3-30.
(36) *Diário Nacional*, 4-8-29. O ataque era dirigido "ao sr. Conde Francisco Matarazzo, súdito italiano, membro proeminente do 'fascio' em São Paulo; ao sr. Roberto Simonsen, da Companhia Construtora de Santos, engenheiro há longos anos ligado ao governo por laços políticos e importantes transações de caráter comercial; ao sr. dr. Horácio Lafer, atualmente em missão oficial na Europa; e enfim, ao sr. Pupo Nogueira, secretário-geral do Centro, cuja deserção das fileiras democráticas é sobejamente sabida... e bastante significativa".
(37) *Diário Nacional*, 6-4-30.
(38) Veja-se, especialmente, a análise de Paul Singer sobre Porto Alegre e Belo Horizonte em *Desenvolvimento econômico e evolução urbana*, São Paulo, Cia. Ed. Nacional, 1969.
(39) Paul Singer, *op. cit.*, p. 175.
(40) Ministério da Agricultura, Indústria e Comércio, *O Brasil atual — 1930*. Rio de Janeiro, 1930, p. 119.

(41) Borges de Medeiros era filho do desembargador Augusto César de Medeiros, natural de Pernambuco, e de d. Miquelina Lima Borges de Medeiros, nascida no Rio Grande do Sul. O tio materno de Borges, "coronel" Horácio Borges, era um dos mais abastados fazendeiros de Cachoeira. João Pio de Almeida, *Borges de Medeiros*, Porto Alegre, Globo, 1928, e João Neves da Fontoura, *Memórias*, Porto Alegre, Globo, 1963.

(42) Affonso Henriques, *Ascensão e queda de Getúlio Vargas*, Rio de Janeiro, Distr. Record, 1966; João Neves da Fontoura, *op. cit.*; Paulo Nogueira Filho, *Ideais e lutas de um burguês progressista. O Partido Democrático e a Revolução de 1930*, São Paulo, Ed. Anhambi, 1958.

(43) Stanley Stein, *op. cit.*, p. 119.

(44) *Diário do Congresso Nacional*, 28-9-28.

(45) *Diário do Congresso Nacional*, 27-12-28.

(46) *Diário Nacional*, 17-12-31.

(47) João Neves da Fontoura, *op. cit.*, 2º vol., p. 235.

(48) Alcindo Sodré, *A gênese da desordem*, Rio de Janeiro, Schmidt, s. d., p. 113.

(49) O pessoal empregado na indústria, naquele município, em 1920, era de 4 953 pessoas, vindo a seguir Nova Lima, com 3 395, e Belo Horizonte, com 2 223.

(50) Ver a respeito Francisco de Assis Barbosa, *Juscelino Kubitschek de Oliveira, uma revisão na política brasileira*, Rio de Janeiro, J. Olympio Ed., 1960, onde há uma boa narrativa da substituição dos velhos "coronéis" do Sul, pelos políticos da Zona da Mata, liderados por Raul Soares e Artur Bernardes.

(51) Cid Rebelo Horta, "Famílias governamentais de Minas Gerais", in *Segundo Seminário de Estudos Mineiros — 1956*, Belo Horizonte, Imp. da UMG, s. d., pp. 45-91.

(52) Barbosa Lima Sobrinho, *A verdade sobre a revolução de outubro*, Rio de Janeiro, Ed. Unitas, 1933, p. 95.

(53) Getúlio Vargas, *A nova política do Brasil*, Rio de Janeiro, J. Olympio Ed., 1938, vol. I, pp. 27 e 39.

(54) *Diário do Congresso Nacional*, 29-9-29, e Getúlio Vargas, *op. cit.*, pp. 27 e 36.

(55) *Correio Paulistano*, 18-12-29.

(56) Warren Dean, "The Beginnings of Industrialization in São Paulo" (datilografado).

(57) "A tarifa e a proteção cambial, assim como a concentração da produção em um punhado de empresas, criam um acentuado parasitismo e uma aversão ao progresso na classe capitalista industrial da Argentina. Os industrialistas se opuseram à importação de maquinaria para o uso de certas indústrias, como as têxteis e de calçados, sob a alegação de que sua introdução precipitaria uma crise de superprodução. A Câmara de Metal Estampado, por exemplo,

pediu fosse proibida a instalação de novas fábricas por um período de dez anos."
Cf. Gustavo Polit, "The Industrialists of Argentina", in *Latin America — Reform or Revolution*, p. 407.

(58) Fernando Henrique Cardoso, *Empresário industrial e desenvolvimento econômico*, São Paulo, Difusão Europeia do Livro, 1964, pp. 83-4.

(59) O melhor trabalho a respeito, onde se faz uma cuidadosa análise do governo Vargas para se chegar a esta conclusão, é a tese de Warren Dean, "The Beginnings of Industrialization in São Paulo" (datilografado), na qual nos apoiamos para este aspecto.

2
REVOLUÇÃO DE 1930
E CLASSES MÉDIAS

HISTORIOGRAFIA

A corrente que define a Revolução de 1930 como "revolução das classes médias" tem como pioneiro Virgínio Santa Rosa. A inteligibilidade da Primeira República, para o autor do célebre *O sentido do tenentismo*, seria dada pelo choque entre a "pequena burguesia e a burguesia nacional". Após definir a burguesia nacional como categoria que engloba os industriais, os comerciantes e os fazendeiros de café, Santa Rosa faz uma enumeração dos setores componentes da pequena burguesia pela qual se aproxima empiricamente das formulações que conceituam classe social em termos de agregado estatístico. Baseando-se em critérios de padrão de vida presumidamente semelhantes, engloba na pequena burguesia os funcionários, os empregados do comércio, o proletariado urbano e rural. Toda a sua análise, entretanto, tende a demonstrar como o campesinato constitui massa de manobra das oligarquias, a ponto de excluí-lo implicitamente do conjunto da pequena burguesia. O choque de forças sociais seria redutível a uma oposição entre as classes médias urbanas, com insuficiente consciência política, e as oligarquias, que só pôde evoluir para a crise revolucionária de 1930 pela cisão das oligarquias e pelo fato de as classes médias terem encontrado uma expressão política no movimento tenentista.[1]

Guerreiro Ramos e Hélio Jaguaribe retomaram as linhas

gerais dessa tese, mediante uma análise que apresenta, entre ambos, muitos pontos de contato.

O primeiro desses autores, após estabelecer uma identidade entre "classe" e nível de conhecimento ou especialização,[2] considera os governos militares de Deodoro e Floriano como primeira ascensão de círculos pequeno-burgueses ao poder, presentes também tanto na ação de Rui Barbosa no Ministério da Fazenda, como mais tarde na Campanha Civilista de 1910. Os surtos militares de 1922-24, a Coluna Prestes, são definidos como movimentos de "liderança e ideário tipicamente pequeno-burgueses", e não se estabelece nenhuma diferença de qualidade entre tais movimentos e a Revolução de 1930.[3]

Do mesmo modo, sem incidir nas falhas de Guerreiro Ramos na conceituação de classe, Hélio Jaguaribe vê no episódio revolucionário uma segunda investida ao poder da classe média, após a tentativa frustrada de 1889, enfatizando, tanto quanto Guerreiro Ramos, o caráter limitado da revolução, dadas as suas características de classe. Assim, embora o momento fosse extremamente favorável para a transformação da estrutura socioeconômica do país, nas condições de crise da economia cafeeira, a classe média, por seu espírito conservador, ter-se-ia negado a aprofundar a revolução, possibilitando o surgimento do chamado Estado cartorial, que desviou o Estado da tarefa de promover a industrialização do país.[4]

Para Guerreiro Ramos, o fato de que as classes médias pretendessem realizar apenas "reformas tópicas nas instituições" facilitou-lhes o acesso ao poder, permitindo o estabelecimento de um pacto entre seu estrato mais qualificado, os industriais e os antigos círculos dominantes, cuja expressão é o golpe de 1937. Em ambos os autores, está presente a noção de que a Revolução de 1930 foi realizada pelas classes médias; a identidade entre classes médias e tenentismo; a distinção entre revolução efetuada por uma classe e seu posterior ascenso ao poder, em caráter não exclusivo.

Uma versão mais recente dessa interpretação se encontra na análise do sociólogo argentino José Nun, que identifica, como princípio geral válido para toda a América Latina, as intervenções militares e os interesses específicos das classes médias. As Forças Armadas desempenhariam o papel de "estrato protetor" que representa a categoria social e supre sua incapacidade de se constituir como classe hegemônica. Valendo-se de uma analogia com a afirmação de Schumpeter, segundo a qual "sem a proteção de algum grupo, não burguês, a burguesia é politicamente desarmada e incapaz, não só de dirigir a nação, mas mesmo de defender seus próprios interesses de classe, o que significa praticamente que tem necessidade de um senhor", Nun assinala:

> Nossa tese, traduzida nos termos de Schumpeter, seria então a seguinte: na América Latina, na falta de uma burocracia à francesa, capaz de amortecer os abalos políticos, e na impossibilidade de um compromisso à maneira inglesa, que o desenvolvimento econômico teria favorecido, *o Exército é levado a desempenhar o papel de estrato protetor da classe média.* É com seu apoio que ela se faz reconhecer pela oligarquia, com sua proteção que, em seguida, se consolida no poder, e é agora graças à sua intervenção que tenta prevenir a ameaça representada pelas classes populares, que é incapaz de controlar.

Referindo-se ao Brasil de 1930 a 1964, atribui o autor às classes médias, através da mediação do aparelho militar do Estado, o papel de classe-sujeito da História:

> O Exército permitiu a Vargas chegar à presidência em 1930 como representante da classe média; foi ele quem levou a seguir essa classe ao governo, com o golpe de Estado de 1937; mas em outubro de 1945 e agosto de 1954 o Exército exprimiu os temores dessa mesma classe média diante do caráter mais popular de que se revestia pouco a pouco o regime.[5]

AS CLASSES MÉDIAS NA DÉCADA DE 1920

Ao utilizar a expressão "classes médias" temos presente a dificuldade em conceituá-las e estabelecer seus limites. Nesta discussão, o conceito é empregado como sinônimo de "classes médias urbanas", pois é inviável falar de um comportamento político significativo dos setores intermediários do campo, na crise da Primeira República e mesmo em anos posteriores, dada a indiferenciação de tais setores, como classe, no Brasil. Por outro lado, procuramos estabelecer distinções apenas em razão de formas específicas de comportamento político; como, sob este prisma, ao menos no estado atual da pesquisa, é impossível estabelecer diferenças para a década de 1920, entre a pequena e a média burguesia, a menção a elas é indiscriminada, usando-se com o mesmo sentido as expressões "classes médias" e "pequena burguesia"; pelos mesmos motivos, ao contrário, a referência a classes médias não inclui os membros das Forças Armadas que, do ponto de vista meramente profissional, são funcionários públicos militares. O conceito é sinônimo aqui de população civil urbana, que trabalha por conta própria ou que recebe salários por trabalho não manual, abrangendo os pequenos empresários e comerciantes, funcionários públicos, empregados no comércio, profissionais liberais.

POPULAÇÃO DO BRASIL POR PROFISSÕES — 1920
(Índice 1000)

Profissões	Nº de pessoas	%
Exploração do solo e subsolo	6 451 530	701,94
Indústrias	1 189 357	129,40
Transportes	253 587	27,59
Comércio	497 548	54,13
Força pública	88 383	9,62
Administração (pública ou particular)	137 879	15,00
Profissões liberais	168 111	18,29
Pessoas que vivem de sua renda	40 790	4,44
Serviço doméstico	363 879	39,59
TOTAL	9 191 044	1000,00

Fonte: *Recenseamento do Brasil* — *1920.*

A melhor expressão quantitativa destes setores, para a década de 1920, é o recenseamento realizado naquele ano, que registrou um total de 30 635 605 habitantes no Brasil, dos quais 9 191 044 (mais ou menos 30%) tinham profissão definida. Os outros 70% entraram na rubrica "profissões mal definidas, não declaradas e sem profissão", havendo porém 12 631 575 pessoas na faixa de idade entre menos de um a catorze anos. A população economicamente ativa se distribuía conforme tabela anterior.

Os dois maiores centros eram o Distrito Federal e a cidade de São Paulo, que abrangiam cerca de 54% da população concentrada nas capitais de estados, identificando-se o Distrito Federal como "capital de estado", para fins de comparação.

POPULAÇÃO DAS CAPITAIS DOS ESTADOS — 1920

Aracaju	37 440
Belém	236 402
Belo Horizonte	55 563
Curitiba	78 986
Cuiabá	33 678
Florianópolis	41 338
Fortaleza	78 536
Goiás	21 223
Maceió	74 116
Manaus	75 704
Natal	30 696
Niterói	86 238
Paraíba	52 990
Porto Alegre	179 263
Recife	238 843
São Luís	52 929
São Paulo	579 033
São Salvador	283 422
Teresina	57 500
Vitória	21 866
Distrito Federal	1 157 873

Fonte: *Recenseamento do Brasil — 1920.*

A distribuição profissional da população ativa desses dois centros era a seguinte:

DISTRIBUIÇÃO PROFISSIONAL DA POPULAÇÃO
São Paulo e Distrito Federal — 1920

Profissões	Nº de pessoas		%	
	São Paulo	D. Federal	SP	DF
Indústrias	100 388	154 397	48,5	32,0
Comércio	30 582	88 306	14,8	18,3
Serviço doméstico	15 476	71 752	7,4	14,9
Transportes	13 914	44 107	6,7	9,1
Administração	8 985	35 355	4,3	7,3
Exploração do solo e subsolo	14 500	30 664	7,0	6,4
Profissões liberais	13 980	27 219	6,7	5,6
Força pública	5 783	24 835	2,8	5,2
Pessoas que vivem de sua renda	3 847	5 910	1,9	1,2

Fonte: *Recenseamento do Brasil* — *1920*. Obs.: Os dados sobre São Paulo referem-se ao município. "Força pública" abrange Exército, Armada, polícia, força estadual, bombeiros. Os números relativos a serviços domésticos são precários pela frequente confusão entre tais serviços e "prendas domésticas". Observe-se a grande maioria de população não incluída, por se tratar de pessoas "sem profissão, profissão não declarada ou mal definida", chegando em São Paulo a alcançar a cifra de 371 578, isto é, 64,1% dos habitantes.

Cabe lembrar, porém, que estes dados sofreram profundas modificações no curso da década, sobretudo no caso de São Paulo. O censo estadual realizado em 1934 registrou na capital do estado um total de 1 033 202 habitantes, dos quais 317 738 se dedicavam à "produção, transformação e distribuição de riqueza", 52 208 à administração e profissões liberais, incluindo-se a cifra de 663 256 como "outras categorias".

CLASSES MÉDIAS E TENENTISMO

A representação política das classes médias, pela própria heterogeneidade da categoria social, assume formas de natureza mais complexa do que a representação de outras classes ou frações. Além do ascenso puro e simples ao poder, por intermédio dos quadros políticos da classe, também aqui o aparelho do Estado pode surgir como mediação, seja por meio da burocracia estatal, seja por meio das Forças Armadas. Mas, como veremos adiante, tal representação por parte do Estado assume eventualmente características peculiares, em decorrência da própria situação em que estão inseridas as classes médias no nível econômico.

Um traço frequente, mesmo entre os autores que não veem o episódio de 1930 sob o prisma da ascensão ao poder da burguesia industrial ou das classes médias (Octavio Ianni, Francisco Weffort), é a identificação entre estas e o movimento tenentista. Comecemos pela análise de tais relações, que têm particular importância, pois, como é sabido, os "tenentes" desempenharam um papel organizatório significativo no episódio revolucionário e detiveram vários postos de direção do Estado durante os primeiros anos do governo Vargas. Procuraremos estabelecer, sempre que possível, uma distinção entre o tenentismo anterior a 1930 e o pós-revolucionário. De fato, a experiência de governo dá outra configuração ao movimento e abre a possibilidade de que a representação política das classes médias assuma formas peculiares.

O tenentismo enquanto movimento de rebeldia

Dentro de tais limites, até que ponto é possível definir o tenentismo da década de 1920 como núcleo organizatório das classes médias? O tenentismo dessa fase pode ser definido, em linhas gerais, como um movimento política e ideologicamente difuso, de características predominantemente militares, onde as tendências reformistas autoritárias aparecem em embrião. As explosões de rebeldia — da revolta do Forte de Copacabana à Coluna Prestes — ganham gradativa importância e consistência, tendo no Rio Grande do Sul uma irradiação popular maior do que em outras regiões. Elas se iniciam, em regra, com o caráter de tentativa insurrecional independente dos setores civis, e embora esse quadro pouco a pouco se modifique, até se chegar ao acordo nacional com as oligarquias dissidentes na Revolução de 1930, o desencontro de caminhos permanece.

Na base da pequena vinculação com os meios civis, está um dos traços essenciais da ideologia tenentista: os "tenentes" se identificam como responsáveis pela salvação nacional, guardiães da pureza das instituições republicanas, em nome do povo inerme. Trata-se de um movimento substitutivo, e não organizador do "povo". Não obstante, têm eles, na década de 1920, uma espécie de reconhecimento de sua escassa preparação para assumir as tarefas de elite dirigente e procuram em figuras civis conservadoras (o conselheiro Antônio Prado, o ex-presidente Venceslau Brás) os quadros políticos de substituição.

No âmbito limitado da revolta do Forte de Copacabana estão presentes, em toda a sua extensão, o isolamento, a desconfiança para com os civis[6] e, ao mesmo tempo, a consciência da impossibilidade de entregar o poder a um nome saído das próprias fileiras tenentistas, que se revela nas articulações com o conselheiro Antônio Prado.

Essas características persistem, mas já com várias alterações, em um episódio de amplitude muito maior — a Revolução de 1924 em São Paulo. As tentativas de se organizar setores civis para integrá-los em um movimento que deveria se estender a vários estados foram muito limitadas. Houve apenas alguns contatos com a dissidência paulista; os civis gaúchos, influenciados pelo Partido Libertador, que vinham de uma longa luta no estado contra Borges de Medeiros, só foram procurados quando a revolução estourou. No curso dos acontecimentos, Plínio Casado, na Câmara Federal, em nome dos libertadores, apoiou o governo, sob a alegação de que aquela não era uma verdadeira revolução, mas uma quartelada, enquanto a antiga dissidência paulista foi ao Rio de Janeiro afirmar sua solidariedade ao governo do estado e da República.[7]

Quatro dias após a eclosão da revolta, o jornal *O Estado de S. Paulo*, muito embora tivesse simpatia pelos revolucionários, revelava desconhecer seus objetivos:

> Há cinco dias que a população de São Paulo, completamente isolada do mundo, assiste perplexa a verdadeiros combates em vários bairros da capital, nos quais entram em ação o fuzil, a metralhadora e o canhão. Nada se pôde ainda apurar acerca das origens e dos fins do movimento militar que põe em justa inquietação toda a cidade.[8]

Na Câmara e no Senado, apesar das nítidas diferenças entre os parlamentares governistas e os da oposição, que combateram as medidas de exceção propostas pelo presidente Artur Bernardes, estabeleceu-se um consenso quase geral em definir a revolta como "motim de soldados". O senador paulista Alfredo Ellis foi quem explorou a fundo o isolamento dos revolucionários, o desconhecimento de seus propósitos, com uma peça oratória exemplar:

> Sr. Presidente, parece que há exemplos anteriores; mas as sedições anteriores tinham, em todo o caso, uma explicação. O caso da Comuna de Paris, onde vimos um dos espíritos mais elevados e mais nobres, e direi mesmo mais piedosos, como o de Thiers, assinar o fuzilamento de 9 mil comunistas na esplanada de Satory, como único meio de salvar a França. Havia, aí, entretanto, uma explicação: era a loucura coletiva, eram bandos armados que procuravam incendiar Paris, a capital do mundo, que levavam os fachos para queimar as Tulherias, bibliotecas e museus, mas que saíam de uma época de miséria, do cerco de Paris. Ali compreende-se ou explica-se a alucinação coletiva, o desespero, a inanição pela fome, lançando os *bas fonds* da sociedade contra os nobres, ricos e banqueiros. Havia ali uma razão de ser: o ódio do plebeu contra o rico, contra o nobre. Na Rússia, Sr. Presidente, ainda se explica a insurreição. Ali é o pobre *mujik*, esmagado, triturado, esfaimado, que se levanta e, pela voz de Lenin, prega a re-

volução mundial. Mas, entre nós, qual a razão, qual o motivo para essa loucura coletiva? Há alguém nesta Casa que tome a responsabilidade dos atos que se estão praticando contra a nossa Pátria? Há fora daqui um general, que honre seus soldados, que possa dizer qual a razão, qual o motivo de quererem conspirar, provocando a ruína da nossa Pátria, em uma época em que nos vemos assoberbados por problemas tremendos que ameaçam a própria existência nacional? Não, Sr. Presidente; é um ataque epiléptico o que a nação está presenciando.[9]

Mas, mesmo no outro extremo, o deputado Adolfo Bergamini, ao proferir na Câmara um grito de "Viva a Revolução", tratou de esclarecer que se referia a uma verdadeira revolução e não àquela que não passava de um motim.[10]

O vulto que tomou o movimento, com a tomada da capital do estado por dezenove dias (de 9 a 27 de julho), começou a modificar os termos das relações entre os "tenentes" e alguns setores civis. Na capital, estabeleceram-se contatos com José Carlos de Macedo Soares — figura curiosa, equidistante do PRP e da dissidência —, os rapazes da Liga Nacionalista, o prefeito Firmiano Pinto, afora manifestações isoladas de aberta adesão. No interior, a passagem das tropas revoltosas possibilitou, em muitas cidades, a efêmera tomada do poder pelas oposições municipais, cuja maior vinculação às classes médias poderia ser estabelecida. Mas, por outro lado, os chefes políticos das diferentes zonas eleitorais do estado conseguiram formar os chamados "batalhões patrióticos" para combater os rebeldes, alinhando profissionais liberais, magistrados, funcionários públicos.[11]

As revoltas gaúchas (outubro de 1920 a novembro de 1926) introduzem nesse quadro alguns elementos novos, dadas as condições específicas de um estado em que a divisão dos grupos políticos já assumira, havia muito, a forma da luta armada. A rebelião de 1924, de onde sairia um dos núcleos da Coluna Prestes-Miguel Costa, contou com a participação dos civis que giravam sobretudo em torno de alguns caudilhos, como Horácio de Lemos, a ponto de a coluna gaúcha iniciar sua marcha com cerca de mil civis, em um total de 2 mil homens.[12] Em novembro de 1926 a mobilização não exclusivamente militar se ampliou, tanto pela presença de caudilhos (Leonel Rocha, Fidêncio de Melo), como pelas ligações entre oficiais e elementos do Partido Libertador.

Do encontro dos revolucionários paulistas e gaúchos nasceu, em abril de 1925, a Coluna Prestes-Miguel Costa, sem dúvida a façanha mais arrojada do tenentismo, que colocou o movimento em contato com um "mundo submerso" na história brasileira, cujas erupções explosivas apareciam, aqui e ali, em episódios como os de Canudos e do Contestado. A evolução de Prestes--Trifino Correia não está desvinculada dessa imensa experiência mas, em seu conjunto, a Coluna não logrou estabelecer vínculos com as massas rurais, nem se propunha a isso. A marcha se destinava a manter vivo o facho da revolução, isto é, visava a realizar um protesto heroico, com os olhos voltados para o meio de onde provinha — os centros urbanos. Nesses centros, a repercussão do episódio foi enorme e se projetou, por longos anos, no interior da esquerda brasileira.

A outra face da moeda, que explica a inexistência de laços organizatórios mais sólidos entre os militares rebeldes e os meios políticos civis, foi a atitude dos quadros mais representativos das dissidências oligárquicas, para quem os "tenentes" representavam uma força de reserva, com a qual se especulava, evitando--se compromissos permanentes: Assis Brasil se aproveitava da legenda tenentista, da condição de "chefe civil da revolução", mas não tinha vinculações mais sérias com o movimento; o *Diário Nacional* enchia páginas em louvor ao aniversário de Prestes e aos bravos da Coluna, porém os contatos entre o Partido Democrático e os revolucionários no exílio não passaram de aproximação sem maior perspectiva. As promessas de um grande levantamento de recursos por parte dos democráticos foram decepcionantes e resultaram no desencanto de Prestes e seus companheiros com relação às possibilidades de uma aliança com os opositores paulistas.[13] O que afastava os Assis Brasil, os Francisco Morato, de uma aliança organizatória com os "tenentes" não era o objetivo estratégico destes, mas a tática posta em prática. Por outras palavras, a utilização de um instrumento radical — a violência —, embora para fins limitados, rompia o jogo normal do sistema (candidaturas, protestos, reabsorção) e estabelecia distâncias que só foram superadas nas condições específicas de 1929/1930. Como se sabe, a composição se fez não sem ressalvas por parte dos "tenentes" e foi um dos fatores da crise mais importante no interior do tenentismo, provocada pela ruptura de Prestes, em maio de 1930.[14]

Do ponto de vista mais geral das relações entre o tenentismo e as populações urbanas, é certo que a corrente contava, nessa época, com ampla simpatia popular. Ao entrar em São Paulo, na Revolução de 1924, os revolucionários foram recebidos com palmas; no curso da luta, os soldados das trincheiras abertas nas ruas da Liberdade, Vergueiro, Paraíso e da Consolação, nas avenidas Paulista e Brigadeiro Luís Antônio, recebiam o "rancho" das residências vizinhas. Um tenente legalista, em conversa com Paulo Duarte, falava do ressentimento de seus homens diante da hostilidade manifestada pelo povo de São Paulo. Senhoritas de Caçapava, Mogi das Cruzes, São José dos Campos, Taubaté iam à estação, à chegada dos trens que conduziam tropas enviadas pelo governo federal, e incitavam os soldados a aderir aos rebeldes. A tradução mais insuspeita dessa simpatia é o desabafo de um defensor da República Velha ao se referir ao estado de espírito do paulista na fase de crise do café:

> A humilde e ignara verdureira do bairro findava suas queixas sobre os negócios com a pitoresca invectiva: "não faz mal! Isidoro vem aí". Eram também essa a psicologia e a linguagem do operário, da cozinheira desempregada e, é de supor-se, do próprio mendigo, a quem a crise também atingia.[15]

Mas não se pode inferir da simpatia popular para com os "tenentes" a existência de uma estreita vinculação entre o movimento e as chamadas camadas médias. Se é certo que a hipótese pode ter alguma consistência no caso do Rio Grande do Sul, o comportamento da população de São Paulo não se traduz por uma aberta adesão; quando se trata, por exemplo, de convocar reservistas para a defesa da cidade, atingida pelo bombardeio das forças legais, a tentativa fracassa.[16] O apoio difuso aos "tenentes" deriva sobretudo de sua aparente identificação com as dissidências civis. Assim, as diferenças entre o PD de São Paulo, o PL gaúcho e os militares rebeldes não são ainda claras: o prestígio do movimento não advém de sua relativa autonomia em face das demais forças sociais, mas sim do fato de ser visto como braço armado da dissidência civil.

Era o tenentismo da década de 1920 um movimento portador de uma ideologia de classe média? A consideração do problema importa em examinar, em primeiro lugar, os componentes principais da ideologia tenentista desse período, para se verificar, a seguir, até que ponto tais componentes correspondem ao universo ideológico das classes médias brasileiras da época e não a valores atribuídos em abstrato à categoria social.

Vamos nos ater às características mais expressivas, pela concordância com certo tipo de ação e pela manutenção de alguns de seus traços, no que vem a se constituir o tenentismo, após a Revolução de 1930. Não se pode afastar, porém, a existência de uma tendência embrionária, que se consolida em torno da figura de Prestes, mantém contatos com o PCB, começa a assimilar uma crítica radical à estrutura socioeconômica do país e desemboca na ruptura com os efetivos majoritários do tenentismo.

Com essa ressalva significativa, a ideologia tenentista dos anos 1920, expressa em uns poucos escritos, revela desde logo uma extrema pobreza e a incapacidade de transcender os limites da crítica jurídico-política, aspecto em que, aliás, coincide com os ideólogos liberais de oposição. Os "tenentes" pagam tributo à indefinição ideológica que se abre com a perda de influência do positivismo e o predomínio da velha retórica liberal. Nos primeiros trinta anos do século, tal retórica, embora em crise cada vez mais acentuada, mantém-se como marco predominante até a verdadeira revolução que se processa nesta instância, nos anos 1930.

Ao Exército cabe desempenhar uma missão regeneradora. Mas, a partir dessa identificação de base, o que se pretende, de fato, "regenerar"? O tenentismo da primeira fase pode ser definido como um movimento voltado para o ataque jurídico-político às oligarquias, com um conteúdo centralizador, "elitista", vagamente nacionalista.

A descentralização republicana, fruto de um "liberalismo excessivo", resulta para Juarez Távora das tradições e necessidades de um povo inteiramente divorciado do nosso, por seus antecedentes culturais e etnográficos. A volta a um maior centralismo funda-se na necessidade de seguir o caminho inverso do adotado pelos liberais, "adaptando-se a Constituição às tendências mais acentuadas do povo". Nesta fórmula transparece uma profunda distância do pensamento liberal: o liberalismo não é a ideologia universal de seu tempo, mas uma corrente de ideias, válida para determinado país, cuja formação é diversa da nossa. A via pela qual o tenente Juarez pretende realizar o retorno, sem excessos, ao unitarismo e à maior uniformização das instituições é a revisão constitucional. A revisão fixaria o princípio pelo qual as Constituições estaduais seriam modeladas pela federal (para certos fins, como a extensão e sentido da autonomia local, duração de mandatos políticos eletivos, garantias efetivas à representação das minorias etc.), poria fim à dualidade de magistraturas, unificaria a legislação processual, o ensino, o regime eleitoral e tributário.[17]

A mesma crítica à excessiva autonomia aparece nos escritos do tenente Nunes de Carvalho, que responsabiliza os republicanos históricos pela transformação dos estados da federação em vinte feudos, cujos senhores são escolhidos pela política dominante ou pelo próprio presidente da República, e chega a assumir a forma de uma proposta de supressão das unidades estaduais, em um livro do bacharel da Coluna Prestes, Lourenço Moreira Lima.[18]

Ao mesmo tempo que se prega a maior centralização, tende-se a identificar o domínio das oligarquias com a predominância do Poder Executivo, que intervém na composição do Legislativo, fere a autonomia estadual, viola as liberdades individuais, com a contínua decretação de estados de sítio. Por isso, buscar a maior centralização não significa para os "tenentes" reforçar as atribuições do Executivo, mas, pelo contrário, acentua-se a necessidade de restaurar o equilíbrio entre os três poderes, admitindo-se a hipótese de uma predominância do Judiciário,[19] cuja independência seria assegurada pela autorrenovação dos quadros. O Executivo, para os "tenentes", não é ainda o instrumento mais propício para realizar alterações na ordem vigente. A sua utilização pela oligarquia leva-os a localizar no desequilíbrio de poderes um dos pontos de apoio do governo e a procurar no Judiciário, órgão aparentemente mais distante dos políticos por sua natureza, a garantia do bom funcionamento do regime.

Os ideólogos tenentistas identificam persistentemente os bacharéis como políticos profissionais, hábeis e inúteis chicanistas. Juarez Távora, ao afirmar que os oficiais do Exército ou da Marinha podem ombrear-se com o bacharelismo dos políticos profissionais, diz ser indiscutível "que estes encontram na prática da vida melhores oportunidades que os militares para cultivarem a seara vasta das leis. Mas é um fato, também, que esse cultivo ou redunda estéril ou apenas logra frutificar o pomo daninho dos sofismas". Um comunicado dos revolucionários de 1924 prega a reforma do ensino para acabar de vez "com esse malfadado ensino livresco que tem gerado, entre nós, essa classe inútil e improdutiva pela sua verbiagem que o nosso povo denomina de bacharelesca". Anos mais tarde, em 1931, dirigindo-se aos fazendeiros de café na inauguração da Federação das Associações dos Lavradores de São Paulo, João Alberto se refere a eles como "homens sinceros, amadurecidos pelo trabalho e pela luta", capazes de interpretar suas palavras com mais lealdade

> do que qualquer outro que tenha formado sua mentalidade nos bancos acadêmicos, aprendendo a sofismar a verdade e a se im-

buir de um falso espírito jurídico, ou a se saturar dessa democracia decadente, mera fonte de renda dos políticos profissionais.[20]

O magistrado burocrata, pelo contrário, como agente civil do Estado, distribuidor de justiça, completa-se simetricamente com o militar, integrante também do aparelho estatal, ambos capazes de reorientar o país, acima das disputas personalistas dos políticos.

O "elitismo" tenentista se revela, desde logo, na estratégia revolucionária: a insurreição desligada das classes populares, incapazes de superar a passividade e promover, por suas próprias mãos, a derrubada das oligarquias. Mas a intervenção da força armada visa também "prevenir excessos". A versão militar da famosa frase atribuída a Antônio Carlos — "façamos a revolução antes que o povo a faça" — se encontra neste texto do tenente Juarez Távora:

> A História não cita, como regra, exemplos de revoluções vitoriosas, em que a força armada não tenha precedido o povo ou, pelo menos, com ele fraternizado, no momento das pugnas decisivas. E essa interferência benéfica da força armada não se tem limitado apenas a permitir ao povo descartar-se de seus tiranos: tem valido, no meio de desordens generalizadas que caracterizam essas crises sociais, como um escudo protetor da nação contra os excessos da indisciplina popular. A França de 89 e a Rússia de nossos dias pagaram tributos caríssimos de sangue à sede de vingança das massas oprimidas, enquanto o delírio da demagogia se não submeteu à influência moderadora do elemento militar. E quem, entre nós, seria capaz de prever as últimas consequências da subversão social criada pelo predomínio incontrastável do populacho? Será essa a revolução que admitem os nossos políticos?[21]

Sem dúvida, é preciso conhecer o "magnífico liberalismo das nossas instituições", é preciso assegurar a verdade da representação por meio de eleições honestas, com as garantias do voto secreto, a regularização do alistamento, o reconhecimento dos resultados pelo Poder Judiciário. Resta saber a verdade de que representação se trata de assegurar. Neste ponto verifica-se que a ideologia tenentista opta pelo caminho da negação às classes populares dos instrumentos formais da democracia política burguesa — o voto direto para qualquer representação e o sufrágio universal — em nome de uma postura que não visa a superar criticamente esses instrumentos formais. Pelo contrário, o que se pretende é institucionalizar a marginalização das classes populares do processo político. Se as massas são atrasadas, se "votam mal", é preciso cortar-lhes esses direitos para que a ordem possa reinar. Depois de fazer o elogio das reformas para assegurar a verdade da representação e justiça, Juarez Távora aponta o caminho oculto em seu discurso:

> Se a adoção de um ou outro desses dois alvitres (processo eleitoral nas mãos dos juízes ou de um tribunal especial) não bastar para restringir, a um limite razoável, as adulterações do nosso regime representativo, melhor será proscrever provisoriamente o sufrágio universal, substituindo-o por uma restrita, mas conscienciosa, elite eleitoral.[22]

Não se trata, no caso, de uma voz autorizada, mas isolada. A substituição do sufrágio universal e do voto direto pelo censo alto e a eleição indireta aparecem em comunicados e escritos dos revolucionários.[23]

O "elitismo" da cúpula do movimento se patenteia nas próprias relações com os comandados. É conhecida a referência a um soldado revoltoso que nem sequer sabia quem era Artur Bernardes; durante a marcha da Coluna, a decisão de fazer meia volta, regressar à Bahia e abrir caminho até a imigração, somente foi levada ao conhecimento dos comandantes e subcomandantes do destacamento porque, como esclarece João Alberto, "não havia necessidade de explicar para os nossos homens. Eles confiavam cegamente em nós e não nos faziam perguntas. Estavam por tudo e nos acompanhariam até o fim".[24]

O vago nacionalismo não se estrutura em qualquer programa definido e constitui um ponto secundário das formulações desse período. Mas é curioso observar a sua constância, despontando em momentos e locais diversos. Ao responsabilizar Epitácio Pessoa pela sublevação de julho de 1922, o tenente-coronel

Frutuoso Mendes, acusado em inquérito policial militar, atacava o governo "que se diz nacionalista, entregando-nos aos ianques, guardando-se por eles e a eles nos vendendo". Juarez Távora lançou ataques à missão financeira britânica, chefiada por Lord Montagu, e um comunicado dos revolucionários de 1924 em São Paulo investia contra o presidente Artur Bernardes, "por não ter poupado ao país o vexame de uma vistoria estrangeira" e por ter dado à publicidade um documento da missão em que até se incluíam "graves insinuações sobre a probidade brasileira".

Os líderes da revolta tenentista do Amazonas, deflagrada em 23 de julho de 1924, foram um pouco mais longe, saindo do terreno das vagas formulações ideológicas. Nos dias em que tiveram Manaus em suas mãos, expropriaram o matadouro de propriedade dos ingleses, entregando-o à municipalidade.[25]

Com as marcas específicas que advêm da situação dos "tenentes" como militares, a imprecisa ideologia tenentista, sob a aparência dos louvores ao voto secreto, incorpora, na realidade, fragmentos da crítica antiliberal que se vai constituindo após as decepções dos primeiros anos da República, ganhando forças na década de 1920. Assemelha-se às correntes revisoras da Constituição, que têm em Alberto Torres e Oliveira Viana dois de seus principais representantes. A preocupação centralizadora é um dos muitos pontos comuns entre ambos. Alberto Torres, ao propor uma reforma da Constituição em *A organização nacional*, livro em que se apoia expressamente Juarez Távora em sua resposta ao manifesto de Prestes (maio de 1930), enfatiza a necessidade de se ampliar os poderes da União e da uniformização legislativa. Idêntica preocupação se encontra em Oliveira Viana, a quem o movimento tenentista encarregaria de elaborar, em 1932, um programa de reforma constitucional que acabou não sendo aceito.[26]

O caráter "elitista" da ideologia dos "tenentes" transcende os limites da crítica antiliberal e se insere na linha geral de pensamento das classes dominantes da época. A maioria dos críticos liberais à política imposta pelas oligarquias e os reformadores de direita se movem em uma área comum: ambos pretendem, por caminhos diversos, resolver a contradição entre os princípios da democracia burguesa, consagrados pela Constituição de 1891 e a prática republicana, restringindo, ainda mais, a intervenção das classes populares no processo de escolha dos governantes. Já em 1901, a dissidência paulista que se insurgiu, em nome do liberalismo, contra a política dos governadores, montada por Campos Sales, defendia a eleição do presidente da República pelo Congresso, entre outras razões porque há assim "maior competência dos eleitores para a boa escolha do chefe da Nação", removendo-se também o "perigo de agitações inerentes ao sufrágio popular direto".[27]

No que diz respeito aos reformadores antiliberais, de quem os "tenentes" estavam neste aspecto mais próximos, embora não se possa identificar o pensamento de Alberto Torres e Oliveira Viana (basta comparar o "nacionalismo agrário" do primeiro com a defesa da intervenção americana no Haiti, feita pelo segundo), os mesmos objetivos de impedir a intervenção das classes populares se encontram em um e outro autor. Torres formula claramente o princípio da incapacidade das massas para exercer o governo, e a eleição indireta, assim como o Poder Coordenador, são os expedientes propostos para se evitar "a manifestação dos incapazes". Com objetivos semelhantes, acentuando apenas o "elitismo" — o mal de Torres é que acreditava ainda demais no povo —, Oliveira Viana propõe o reforço do Poder Judiciário ou a criação de um quarto poder, semelhante ao Moderador. Ao votar na Comissão do Itamarati, que se reuniu em 1933, para elaborar o anteprojeto de reforma da Constituição, diria que lhe era indiferente o tipo de sufrágio, os sistemas eleitorais,

> desde que se processem com um eleitorado não selecionado, sem a triagem do censo alto e do critério da cultura, isto é, com um eleitorado reduzido às condições elementares de capacidade, a que ficou reduzido o nosso futuro eleitorado com a aprovação da proposta relativa às condições para ser eleitor.[28]

As propostas no sentido de se estabelecer o censo alto, a eleição indireta para presidente da República, surgem em seu projeto de Constituição apresentado aos "tenentes".

É problemático imputar às classes médias brasileiras da década de 1920 uma ideologia em que o "elitismo" e a centralização aparecem como traços essenciais. De fato, se por um lado a defesa do voto secreto, das liberdades individuais e o nacionalismo difuso estabelecem uma ponte entre os "tenentes" e a pequena burguesia, tais traços, por outro lado, são estranhos ao universo ideológico dos setores majoritários da classe. A caracterização feita por Francisco Weffort, segundo a qual as classes médias tradicionais brasileiras adotaram os princípios da democracia liberal que, nas linhas gerais, constituem os horizontes ideológicos dos setores agrários, se confirma, na época, por seu comportamento após a Revolução de 1930, especialmente pela inserção em um movimento cujo emblema foi o regionalismo e a defesa da autonomia estadual.

O sentido geral parece ser este, mas não se pode excluir a possibilidade de existirem faixas da pequena burguesia trabalhadas pela ideia da salvação militar, para arrancar o país do domínio das oligarquias, tendência que tem, tanto no terreno ideológico como na prática, vários antecedentes. Entretanto, os acontecimentos posteriores ao episódio revolucionário permitem levantar a hipótese de uma progressiva radicalização dessas áreas, dividindo-se para constituir a base de movimentos de esquerda (Aliança Nacional Libertadora), sobretudo sob a influência da ruptura de Prestes com o movimento tenentista, e de direita, com a Ação Integralista.

Os tenentes no governo

O ascenso do movimento tenentista aos postos governamentais, após a Revolução de 1930, coloca a possibilidade de ocorrer um tipo específico de "representação" de classe, cuja analogia histórica mais imediata se encontra nas relações entre o pequeno camponês e Luís Bonaparte, analisadas por Marx no *18 Brumário*.

Os elementos fundamentais desta "representação" podem ser assim resumidos: 1º — os detentores do poder atuam como "representantes" de certas classes sociais, cuja principal característica é a incapacidade de erigir uma organização política autônoma, dada sobretudo sua posição particular no processo de produção (pequeno camponês; pequena burguesia, no fim do primeiro período da república parlamentar francesa); 2º — embora a "representação" se faça no interesse das classes dominantes (Bonaparte não satisfaz qualquer interesse político apreciável do pequeno camponês), é possível utilizar-se o conceito, pela constituição de certo tipo de Estado, só explicável através dos "efeitos pertinentes produzidos pela classe representada, na sua estrutura (o Estado bonapartista é inseparável do papel desempenhado pelo pequeno camponês); 3º — a classe assim "representada" constitui uma "classe apoio", isto é, uma categoria social que não recebe a satisfação de interesses políticos apreciáveis, funcionando, de fato, como apoio sobre o qual se assenta uma forma de Estado capitalista.[29]

No *18 Brumário*, Marx sintetiza a incapacidade política das "classes apoio", ao dizer:

> Eles (os pequenos proprietários camponeses) não podem representar a si próprios, mas devem ser representados. Seus representantes devem ao mesmo tempo aparecer como senhores, como uma potência governamental absoluta, que os protege das outras classes e lhes envia do alto a chuva e o bom tempo.[30]

Surge o movimento tenentista dos anos 1930-1934, aos olhos da pequena burguesia brasileira, como "uma potência governamental absoluta, que lhe envia do alto a chuva e o bom tempo", realizando assim o tipo específico de representação das classes médias — incapazes de se organizar politicamente — no interesse das classes dominantes?

Para se verificar se ocorre esta condição básica de se estabelecer o tipo de "representação" que estamos examinando, é necessário analisar o caminho percorrido pelo movimento, depois de 1930. A experiência de governo do tenentismo, demonstração de que supera largamente em importância seus efetivos numéricos, revela ao mesmo tempo as inconsistências de um grupo pouco integrado, cujos objetivos nem sempre são coerentes no âmbito ideológico e da prática política.

Junto ao Poder Central, a corrente consegue formar um ativo núcleo de pressão, defendendo a representação por classes, o prolongamento da ditadura — explicitação de suas distâncias anteriores com o liberalismo —, a punição dos políticos mais comprometidos com a República Velha, o prevalecimento do "espírito revolucionário", que se traduz em um programa de reformas. Mas suas diversas experiências regionais ressentem-se de um mínimo de identidade, o que corresponde, aliás, aos objetivos do governo Vargas nos primeiros anos de existência. Detentores de postos importantes do Estado, os "tenentes" servem aos desígnios de Vargas, no sentido de neutralizar apenas o poder político das oligarquias, sem impor modificações relevantes na estrutura socioeconômica.

A interventoria João Alberto em São Paulo é o exemplo mais expressivo da inarticulação tenentista e da falta de coerência entre seus próprios quadros. O Estado, no primeiro semestre de 1931, torna-se campo de disputa entre João Alberto e Miguel Costa, em choque por ambições pessoais e algumas divergências políticas. O primeiro passa rapidamente da abertura popular ao acordo com um setor vinculado aos interesses cafeeiros, em que se apoia por vários anos, mesmo após a Revolução de 1930; o segundo, não obstante os ziguezagues, as tentativas de aproximação com o PRP e o PD, adota uma prática política que lembra as primícias do populismo, procurando estabelecer pontes no movimento operário e arregimentar forças populares em torno da Legião Revolucionária, mais tarde transformada no efêmero Partido Popular Progressista.

O fim melancólico da interventoria João Alberto (julho de 1931), sob o fogo dos políticos de São Paulo, demonstra de sua parte uma evidente ausência de princípios. O interventor não procura extrair do conflito qualquer vantagem política para o movimento tenentista. Retira-se do poder com um manifesto vazio e apoia o candidato do PD, o jornalista Plínio Barreto, contra quem os partidários de Miguel Costa se articularam, conseguindo impedir sua nomeação por intermédio de manifestações de rua e da exploração das greves operárias.

Embora João Alberto tenha recebido a solidariedade dos interventores tenentistas, é evidente que seu comportamento estava em desacordo com os esforços do núcleo mais expressivo do movimento — o Clube 3 de Outubro —, no sentido de não se compor com seus adversários mais diretos.[31] Ao terem conhecimento da demissão, os "tenentes" se reúnem no Rio de Janeiro, na casa de Pedro Ernesto, mas João Alberto desencoraja qualquer iniciativa, dizendo-se disposto a sair do Exército e trabalhar para os Guinle.[32]

No Nordeste, o pedido de Juarez Távora, encaminhado a Vargas, solicitando exoneração da Delegacia Militar do Norte e a extinção da própria Delegacia (22-12-31), abre caminho para a rápida diferenciação da atitude dos interventores: Hercolino Cascardo, vítima de ataques por fazer a defesa da "socialização integral", demite-se da interventoria do Rio Grande do Norte, em março de 1932; na Bahia, Juracy Magalhães oscila entre a composição com a oligarquia regional e limitadas reformas; Carneiro de Mendonça solicita demissão do cargo de interventor do Ceará, em fevereiro de 1933, por não concordar com "a volta aos velhos métodos"; Bertino Dutra, substituto de Hercolino Cascardo, segue o mesmo caminho (24-5-33).[33] A evolução do Clube 3 de Outubro sintetiza a marcha do movimento, descrevendo uma trajetória em que, de centro de aglutinação política, se transforma em organismo domesticado, até desaparecer.

Quando o tenentismo tenta se impor como movimento autônomo, sofre um processo de corrosão que o ataca por todos os lados. À pressão das oligarquias regionais, à sua instrumentalização por parte do Poder Central, junta-se a ofensiva no interior das Forças Armadas, sob a alegação de que a corrente ameaça romper a hierarquia dos quadros militares e criar organismos paralelos, com influência no Exército. Nessa área, o ataque assume, às vezes, formas veladas, como se evidencia pela chamada carta dos generais (28 de novembro de 1931), assinada pelos generais Mena Barreto, Pantaleão Teles, Parga Rodrigues, José Silva e Bertoldo Klinger, onde se condena "a desarrazoada interferência dos militares em funções sem justificativa", muitas vezes degenerando em "ocupar para exercer de qualquer modo, com inocultável alarma da opinião pública".[34]

Sem base popular, destituído de maior coesão, atingido nos setores em que poderia encontrar apoio, o tenentismo desaparece como força autônoma. Individualmente, com raras exceções, os "tenentes" são atraídos para a órbita do Poder Central — onde sua ação e sua influência ideológica têm um papel significativo mas subordinado — ou se dividem entre organizações situadas politicamente em posições opostas, como é o caso da Aliança Nacional Libertadora e da Ação Integralista.

O tipo de representação peculiar que se poderia ter estabelecido entre as classes médias e o movimento tenentista não teve condições de se realizar, pois, em vez de aparecer como "potência governamental absoluta", os militares rebeldes constituíram no governo um grupo contraditório, submetido a uma rápida perda de identidade.

Se assim é, seriam os "tenentes", após a Revolução de 1930, os representantes específicos das classes médias, ascendendo ao governo em seu nome, sendo a crise da corrente uma expressão da impotência política dessas classes?

A evolução do movimento em algumas áreas urbanas — especialmente no caso de São Paulo — não confirma esta hipótese. Quando a aparente aliança "tenentes"-Partido Democrático, anterior a 1930, se transforma em confronto aberto, logo após o episódio revolucionário, o grosso da classe média opta pelos democráticos, onde se encontram seus quadros intelectuais mais expressivos. Esta opção é facilitada por uma seleção ideológica manipulada com êxito pelos democráticos, onde estão presentes o regionalismo, a exploração do "perigo extremista", representado pela associação entre tenentismo e extremismo particularmente de esquerda, a luta pela volta do país ao regime constitucional.

O *Diário Nacional* ataca seguidamente "os que chegaram ontem" e, "pensando que somos tolos", através de seu jornal, "acusam o PD de fomentar o descontentamento dos lavradores no interior", em uma alusão à insatisfação dos fazendeiros com o decreto federal fixando o preço de compra dos cafés em estoque.

Um artigo assinado por Joaquim David dos Santos, com o título "Os meteques de cabeça chata e o comunismo", associa "nordestino e subversão":

> Eça de Queiróz costumava dizer que os pequenos jornalistas gostam dos grandes assuntos. A marcha da civilização, o progresso das ideias e os imortais princípios de 89 sempre foram a *pierre de touche* das notabilidades de aldeia, dos jornalistas de cabeça chata. Impressiona-os agora o manto rubro do comunismo.

A marginalização da "faixa extremista" das Forças Armadas é objeto de um artigo em que se saúda um discurso do general Firmino Borba (fevereiro de 1931), favorável ao apoio puro e simples das Forças Armadas ao governo. O jornal adverte o Exército contra

> os que pretendem levá-lo para a extrema esquerda, lá onde querem erigir o castelo feudal de suas torvas ambições [...] fique certo (o Exército) de que o povo, o verdadeiro povo — não essa entidade misteriosa que eles querem ver nestas alturas — confia integralmente na lealdade dos soldados [...] e essa lealdade tem que se revelar na disciplina que é uma só. Não há criar-lhe rótulos, segundo as regras do Soviet [...].

O Clube 3 de Outubro — principal núcleo organizatório do tenentismo — é acusado de inspirar-se na esquerda e na direita:

Não será o diminuto "Clube 3 de Outubro", dando de ombros para o Brasil, equiparado a um "deserto de homens e de ideias" e voltando-se para o Kremlin dos sovietes ou para as legiões dos camisas-pretas, que terá o direito de outorgar, quando muito bem lhe apraza, uma Constituição — vergalho a um povo de escravos. As forças vivas da nacionalidade levantar-se-ão, estamos convictos, contra esse diminuto resíduo de agentes patológicos da política, exercendo a sua alta missão conservadora, que pode ser comparada a uma verdadeira fagocitose cívica do organismo social.[35]

Se é certo que o Partido Popular Progressista chegou a ganhar alguma força, o desfecho do caso de São Paulo, entre 1930 e 1932, passou pela repressão aos "miguelistas", culminando na Revolução de 1932, onde o divórcio entre "tenentes" e classe média paulista alcançou seu ponto mais alto.

A pequena burguesia de São Paulo constituiu a base de massa da articulação revolucionária, mas é significativo observar que o comportamento da população do Distrito Federal foi de franca simpatia pelos revoltosos. Entre 21 de julho e 22 de agosto de 1932, por iniciativa dos estudantes, realizaram-se várias passeatas e comícios contra o governo federal, destacando-se a "passeata do silêncio", que percorreu a avenida Rio Branco. As sedes do Clube 3 de Outubro e da Legião 5 de Julho foram particularmente visadas.[36]

Na realidade, nos anos de definição posteriores a 1930, os setores da pequena burguesia menos vinculados ao universo democrático foram rapidamente atraídos para a esquerda ou para o integralismo, esvaziando o movimento tenentista de uma base popular significativa.

As evidências vão no sentido de que o tenentismo não foi um movimento organizador das classes médias, nem o seu representante peculiar, nas condições específicas de desorganização dessas classes. No entanto, as relações entre ambos não estão de todo ausentes, se as restringirmos às formulações de alguns núcleos da corrente e a certos aspectos de sua prática política.

Voltemos, por um momento, ao tenentismo do "período romântico", anterior a 1930, para verificar que significação encerra um de seus traços ideológicos mais persistentes, o chamado ideal de centralização. O unitarismo tem uma consistência dada não apenas no plano dos valores característicos de uma corrente militar, mas constitui uma forma refratada de crítica à hegemonia da burguesia cafeeira dos grandes estados, especialmente de São Paulo. Este relacionamento é explícito na singularidade das formulações de um "tenente fora de série", o general positivista Ximeno de Villeroy, e encontra vias de expressão tanto em Juarez Távora como em Nunes de Carvalho. Um e outro insistem na representação igual por estados, no ataque à plutocracia paulista, aos aproveitadores das valorizações, nas referências ao abandono em que se encontram os pequenos estados, no plano educacional.[37] Difusamente, o tenentismo dos anos 1920 desponta como vanguarda na luta contra a hegemonia da burguesia cafeeira, ainda que a esta hegemonia não oponha senão um tímido programa de reformas jurídico-administrativas.

Guardadas as ressalvas — o caso mais típico é o da aliança entre João Alberto e setores do café —, o ataque à burguesia cafeeira se explicita. Logo nos primeiros meses do governo revolucionário, em uma entrevista que provocou na época enorme celeuma, diria o "tenente" Juarez Távora:

> Falo no caso paulista por ser o mais palpitante e de mais atualidade e porque se presta magnificamente a uma exemplificação. Em São Paulo sempre se fez política regional, sem se procurar, de preferência, encarar os problemas nacionalmente. Se não, vejamos o café. É verdade que esse produto constitui a principal riqueza do país, produzindo mais de metade da renda da nação. Entretanto, o problema do café não deveria ser encarado pelo prisma por que sempre o foi. Era preciso que, encarando-o, não se olhasse somente para São Paulo, procurando solução para o mesmo, mas procurando não prejudicar os demais estados da Federação. O Banco do Brasil tem o capital de 1 milhão de contos de réis. Desse capital, 700 mil contos estão empregados em benefício da lavoura cafeeira paulista e, quando se lançou mão dessa avultada quantia, não obstante o capital do nosso principal

estabelecimento de crédito ser composto de quantias provindas de todos os estados, nenhum deles foi consultado a respeito. Encarou-se o caso regionalmente apenas. E breve terá o governo de empregar mais 300 mil contos, isto é, todo o capital do Banco, para que não se perca definitivamente a lavoura paulista, atualmente toda empenhada.[38]

Discursando na Legião 5 de Julho, em comemoração àquela data (1932), acentuava o coronel Felipe Moreira Lima, irmão de Lourenço Moreira Lima, o bacharel da Coluna:

> Nesta hora mesmo em que vos dirijo a palavra, há um estado do Brasil — exatamente aquele em que a oligarquia do passado ergueu com sacas de café, a bastilha onde se entrincheirava para dominar —, um estado, repito, cujo governo local, contra todas as normas observadas no país, cria batalhões provisórios, convoca reservistas, alista voluntários, provê a força pública de artilharia e aviação, enquanto os jornais, que subvenciona, proclamam a necessidade de se organizarem os habitantes para a defesa contra ataques que não se precisa bem de quem possam partir. [...] Agora mesmo, com a elevação do câmbio, já se pedem medidas acauteladoras dos interesses dos fazendeiros e, para se obterem preços menos vis para o café e evitar a falta de trabalho, transforma-se o estado numa imensa fogueira, onde ardem milhares de contos de café e tecidos, num momento em que há tanta gente com fome e sem ter com que cobrir a nudez. Espera-se, provavelmente, que das cinzas desse incêndio gigantesco venha enfim a ressurgir, como a Fênix da fábula, a opulência perdida.[39]

Bastante revelador ainda é o fato de que os "tenentes" tenham sido o instrumento de Vargas para impedir que os grupos políticos de São Paulo alcançassem o poder no estado.

Após a Revolução de 1930, o movimento dá um salto importante, não só porque as ideias acerca das formas de representação política ganham concreção, adotando-se o princípio da representação por classes, como especialmente porque a dimensão econômico-social dos problemas brasileiros se torna o centro das preocupações. Se até aqui a crítica difusa à burguesia de São Paulo poderia estar associada aos objetivos das oligarquias dissidentes, o salto estabelece uma distância ideológica entre uma tendência do tenentismo e as velhas classes dominantes.

A expressão mais ousada das formulações pós-revolucionárias da corrente se encontra no projeto de programa do Clube 3 de Outubro (fevereiro de 1932), elaborado por uma comissão constituída por Stênio Caio de Albuquerque Lima, Augusto do Amaral Peixoto Jr., Waldemar Falcão e Abelardo Marinho de Andrade. O esboço, aceito apenas como "um subsídio de orientação doutrinária" na Convenção Nacional do Clube, reunida no Rio de Janeiro de 5 a 9 de julho de 1932, o que talvez releve resistências ao seu conteúdo mesmo no interior do movimento, contém os traços essenciais de uma reforma pequeno-burguesa, independentemente do fato de que o governo Vargas tenha levado à prática alguns de seus tópicos, sobretudo após o golpe de 1937.

Os princípios básicos são uma combinação de nacionalismo e outorga de direitos e garantias às classes populares. A ideia de planejamento aí aparece claramente. Depois de considerar "a Economia Nacional como um dos elementos preponderantes da nacionalidade" o programa prevê a organização de planos econômicos de produção, consumo e coordenação dos elementos da riqueza, que vigorariam por prazos determinados, subordinando-se "a legislação que, direta ou indiretamente, venha a influir na esfera da economia" aos referidos planos de desenvolvimento.

Os alvos nacionalistas se explicitam nos objetivos de desapropriação e nacionalização das "minas, forças hidráulicas e demais valores naturais", com a possibilidade de a indenização ser calculada pelo último balanço ou conforme os impostos pagos, de nacionalização das vias de transporte e comunicação, empresas de navegação de cabotagem, de estabelecimento da indústria siderúrgica. Propõe-se também a rigorosa revisão dos contratos atinentes às concessões de serviços públicos, devendo ser rescindidos ou declarados caducos os que não tivessem sido devidamente cumpridos ou atentassem contra os bens nacionais.

Por outro lado, legitima-se o direito de greve, "prerrogativa inalienável do operário", e cogita-se de conceder à classe uma série de benefícios, como o salário mínimo, salário-família, seguro social, participação no lucro das empresas. A última proposta se combina com a intenção de promover "o acionato do operário e a cogestão das empresas por elementos operários selecionados, de acordo com o seu mérito profissional, qualidades morais e capacidade de direção, esclarecendo-se os objetivos programáticos nesta área: "tornar possível e efetiva a associação do capital-trabalho ao capital-dinheiro".

São condenadas "as manobras da usura e os desmandos da utilização abusiva da propriedade como instrumento de escravização econômica e de extorsão de lucros aberrantes de um justo limite ("luvas") pela renovação de contratos de locação de prédios, aluguéis excessivos, cláusulas contratuais iníquas etc. Outra característica significativa é a defesa da criação de um quadro estável de funcionários públicos.

O programa pode ser definido teoricamente como "nacional burguês", mas nada tem a ver com os limites concretos da burguesia nacional: a esta fração da classe dominante, sobretudo nesse período, são estranhos os alvos de estatização dos núcleos fundamentais da infraestrutura econômica, assim como as concessões à classe operária. Note-se que aos objetivos de nacionalização não se justapõe a defesa do processo de concentração capitalista: condenam-se expressamente os monopólios, trustes e organizações semelhantes; os horizontes ideológicos do programa são, na área privada, a pequena indústria nas cidades e a pequena propriedade, liberta do latifúndio, no campo. Além disso, a velha crítica às "indústrias artificiais" desponta insistentemente em várias partes do projeto.[40]

Todas essas formulações são, na realidade, uma antecipação ao desenvolvimentismo pequeno-burguês dos anos 1950, vinculado aos grupos técnicos das classes médias (onde, de resto, se incluem alguns antigos "tenentes" responsáveis pelo que um autor chamou de primeiro momento do processo de industrialização.⁴¹ É bem verdade que os objetivos propostos não foram adotados por todo o movimento e que a prática tenentista frequentemente deles se afastou. Um exemplo disso se encontra até mesmo na ação do "Vice-Rei do Norte", tantas vezes criticada pelas classes dominantes das áreas mais desenvolvidas do país. Nomeado em novembro de 1930 para a Delegacia Regional do Norte, Juarez Távora procura criar um bloco de pequenos estados aberto a algumas reformas, como, por exemplo, a baixa compulsória de aluguéis, decretada em Pernambuco e na Bahia, pelos interventores Lima Cavalcanti e Juracy Magalhães.⁴² Não se pode, entretanto, julgar sua ação pela arremetida dos núcleos políticos de São Paulo e do Rio de Janeiro, pois ela tem objetivos limitados, tanto no sentido de articular uma área nacional de influência, como no de efetuar reformas. Em carta a Getúlio Vargas, datada de 22 de dezembro de 1931, Juarez Távora pedia exoneração do posto de delegado e a extinção da própria delegacia, invocando a desnecessidade do organismo, diante da crescente estabilidade do governo:

> A inquietação renovadora, que sacudiu desordenadamente as populações do Norte na alvorada da vitória revolucionária, ainda não desapareceu, nem desaparecerá, enquanto se não objetivarem em conquistas definitivas as promessas de redenção política, com que as arrastaram para a luta armada os chefes revolucionários. Mas as tendências extremadas já amainaram, movimentando-se aos poucos em torno de uma tendência média ponderada, e cuja preponderância decisiva sobre as demais é, pelo menos, uma garantia de equilíbrio dinâmico, isto é, de ordem, nessa agitada fase de transformação que atravessamos.⁴³

Isso não elimina, porém, a consistência de intenções reformistas mais amplas no nível ideológico e certa vinculação entre essas intenções e a prática do movimento. Vejam-se, por exemplo, a iniciativa do próprio Juarez Távora favorável à anulação das concessões à Itabira Iron por "um ato de força"; o relatório da Comissão Especial designada pelo governo para examinar o problema da instalação da siderurgia no país, cujo relator foi o comandante Ari Parreiras, onde se defende o monopólio da União para a exportação de minério de ferro e manganês e a aplicação dos recursos daí oriundos no equipamento do parque siderúrgico; os ataques do Clube 3 de Outubro contra o "tenente" civil José Américo, ministro da Viação e Obras Públicas acusado de ser condescendente com a Itabira Iron.[44] A crítica à identificação simplista entre "tenentes" e classes médias começa por duvidar da origem social pequeno-burguesa dos principais líderes rebeldes, sem se limitar a isto. A extração social dos "tenentes" não é certamente homogênea. Parece porém frequente a existência de uma situação familiar que pode ser definida como pequeno-burguesa, embora haja indícios de que tal situação decorre muitas vezes de um empobrecimento de famílias tradicionais e não de um processo de ascensão social. Além disto, como tantos autores têm assinalado, a escolha da carreira das armas é, pelo menos, um indício genérico da condição não privilegiada. Luís Carlos Prestes, nascido em Porto Alegre, é filho do militar Antônio Pereira Prestes, que morreu como capitão engenheiro em 1908, quando o futuro "tenente" contava apenas dez anos. A mãe — d. Leocádia Prestes — foi professora primária e criou o filho em meio a muitas dificuldades. João Alberto, nascido no Recife, era filho do professor secundário Joaquim Cavalcanti Lins de Barros e de d. Maria Carmelita Lins de Barros, neta de holandeses. Embora a família ostentasse, do lado paterno, um nome tradicional no Nordeste, a sua condição social era modesta. Na descrição feita pelo próprio "tenente", se fixa um quadro pequeno-burguês, presentes as dificuldades financeiras do pai, às voltas com a família numerosa, a simpatia por um dos filhos, envolvido em uma greve de ferroviários da Great Western. Antônio Siqueira Campos, natural de Rio Claro, no estado de São Paulo, era filho do pernambucano Raimundo Pessoa de Siqueira Campos, que viera do Nordeste em 1890 para administrar uma fazenda de café pertencente a seu irmão, político e homem de muitas posses. O tio de Siqueira Campos chegou à chefia de polícia de São Paulo, no governo Américo Brasiliense; o pai transferiu-se em 1904 para a capital, onde foi almoxarife do Departamento de Águas. Eduardo Gomes, nascido em Petrópolis, a 20 de setembro de 1896, cresceu como menino pobre, filho do jornalista Luís Gomes, repórter do *Jornal do Brasil*, e de d. Genny Gomes. Juarez Távora provém de um meio relativamente modesto do interior do Ceará, mas com largas tradições na política regional. Os Távora sempre se opuseram à velha oligarquia dos Acioli, dominante ao longo da República Velha, e subiram ao poder após a Revolução de 1930. Os biógrafos da família vinculam-na à nobreza de Portugal, cujo titular mais destacado teria sido o marquês de Távora. Asdrúbal Gwyer de Azevedo, revolucionário de 1924 e 1930, secretário da Viação do estado do Rio após a revolução, é filho do farmacêutico Manuel Fernandes de Azevedo, sendo natural do estado do Rio de Janeiro. Filho de um capitão de fragata — João Antônio Soares Dutra —, o "tenente" Djalma Dutra, revolucionário desde 1922 em Mato Grosso, morto nas operações militares da Revolução de 1930. Miguel Costa e João Cabanas, o primeiro nascido acidentalmente na Argentina, onde sua mãe se encontrava em viagem, eram filhos de modestos imigrantes espanhóis, radicados em São Paulo.[45]

As origens sociais são uma variável importante para se explicar o fenômeno tenentista. Não se pode ignorar, porém, tanto a posição intermediária dos "tenentes" na hierarquia das Forças Armadas como o dado fundamental de que eles são ressocializados pelo Exército, instituição que guarda certa autonomia com relação ao conjunto da sociedade.[46]

Como membros das Forças Armadas, os "tenentes" participam de uma categoria específica — parcela do aparelho do Estado — que não é diretamente determinada pelo critério de classe, dependendo do funcionamento concreto deste aparelho, no conjunto de uma formação e de suas relações com as diversas classes e frações. Mas a vinculação de classe não é indiferente e introduz uma variável importante na compreensão do comportamento tenentista, ao possibilitar certo tipo de ação e de ideologia cujo exemplo mais claro são as formulações desenvolvimentistas.

As relações entre classes médias e tenentismo não se concretizam nem sob a forma da efetiva organização dessas classes pelo movimento, nem pela sua representação específica como "potência governamental". A aproximação mais segura entre a categoria social e a corrente deriva do fato de que um setor do movimento, detendo alguns postos na direção do Estado, propõe-se a realizar um programa de reformas, pequeno-burguês em essência, embora com escassa correspondência na pequena burguesia do tempo.

Do ponto de vista do episódio de 1930, essa incorrespondência não permite defini-lo como momento de ascensão das classes médias ao poder, através da representação política do tenentismo.

AUTONOMIA POLÍTICA E CLASSES MÉDIAS

Ao se fazer a análise das concepções que colocam as classes médias no centro da Revolução de 1930, é preciso considerar que se não se pode falar de uma burguesia industrial favorável à Revolução — ocorrendo, de fato, o oposto em São Paulo e mesmo no Rio de Janeiro —, é incontestável a presença de setores pequeno-burgueses na campanha da Aliança Liberal e em outubro de 1930. Se as manifestações entusiásticas a favor de Vargas, nos dois maiores centros urbanos, durante a campanha eleitoral e após o episódio revolucionário, não podem ser reduzidas apenas a um apoio da categoria social, seriam impossíveis sem a sua larga adesão, tendo-se em vista o caráter muito limitado da intervenção do proletariado.

Trata-se, porém, de precisar qual o sentido dessa presença e, sobretudo, qual o grau de autonomia das classes médias. Neste terreno, somos forçados a permanecer nos limites de uma discussão genérica, pois, dada a inexistência de eleições formalmente livres, de partidos nacionais que representem a categoria, permitindo analisar ao menos suas inclinações eleitorais, torna-se difícil medir seu comportamento político, em fases cronologicamente diversas e em função dos diversos segmentos. Esta dificuldade nos leva a analisar as classes médias brasileiras da década de 1920 como um conjunto relativamente homogêneo, eliminando diferenças que poderiam ser significativas, tanto do ponto de vista da sua formação como do da experiência política. Até que ponto é possível falar de uma "mesma classe média", florianista no fim do século XIX, civilista e antimilitarista com Rui em 1910, aliancista em 1929-30? Até que ponto a maior iniciativa das classes médias do Rio de Janeiro, em comparação com as de São Paulo, por exemplo, não se explica, já nesse tempo, em termos de maior ou menor vinculação social com as classes dominantes?

De qualquer forma, parece válida a observação de Francisco Weffort no sentido de que as grandes linhas de comportamento da pequena burguesia brasileira nessa década são dadas pela sua escassa autonomia em face do núcleo agrário-exportador, tanto em termos de dependência social como ideológica. Weffort vincula a dependência às limitações que as características específicas das classes médias brasileiras impõem às perspectivas e alcance de sua ação política. Insiste ele no fato de que, diferentemente, por exemplo, da antiga classe média americana, tais setores não têm sua principal atividade baseada na pequena propriedade, mas em áreas subordinadas (administração pública, serviços etc.) de uma estrutura social e econômica cuja pauta é dada pela grande propriedade.[47]

Sem negar a importância da gênese social das classes médias brasileiras, para explicar os limites de seu inconformismo na Primeira República, cabe lembrar que esses limites correspondem também às condições concretas da época, no plano das relações entre as classes e da ideologia. De um lado, a classe operária não aparece como polo de atração, e o predomínio em sua vanguarda de uma corrente como o anarquismo, incapaz de utilizar o nacionalismo latente da pequena burguesia, concorre para afastar esse setor do proletariado; de outro, no que diz respeito à classe dominante, a crítica de direita à inviabilidade da plena realização da democracia liberal, que se encontra nas formulações de intelectuais como Oliveira Viana e Gilberto Amado, não ganha ainda amplamente o terreno político. Dada a sua dependência intrínseca, no nível socioeconômico, da estrutura predominante e a inexistência de forças sociais portadoras do "bacilo radical" que pudessem contaminá-la, a pequena burguesia se comporta, de modo geral, como o oxigênio puro do sistema: a sua verdade consiste na tentativa de superar a contradição entre os princípios liberais e a prática política, objetivando a plena realização da democracia formal, por meio do voto secreto, a representação das minorias, a independência da magistratura. Estes objetivos coincidem, nessa etapa, com os interesses de setores das classes médias urbanas, na medida em que a reforma política, associada à manutenção do *status quo* nas relações fundamentais de propriedade, ampliaria o acesso às atividades ligadas ao Estado, até então, em seus níveis mais altos, sob o estrito controle das oligarquias.

São as condições específicas das classes médias, em termos de gênese social, relacionamento com as demais classes e os limites do universo ideológico da década de 1920 que explicam seu comportamento político no período. Não é razoável supor que, em poucos anos, de 1930 a 1935, tenham surgido novas camadas pequeno-burguesas de formação social diversa e, no entanto, como é sabido, largos contingentes da categoria afluíram para a Aliança Nacional Libertadora, cujo programa superava os limites das reformas jurídico-políticas e propunha alterações de importância na esfera das relações de propriedade.

O movimento de 1930 não pode ser entendido sem a intervenção das classes médias, mas não é uma revolução destas classes, nem no sentido de que elas sejam o setor dominante no curso da revolução, nem de que sejam seus principais beneficiários. Não se nega com isto que certos traços da orientação do governo Vargas, especialmente o maior intervencionismo do Estado, tenham permitido a ampliação de oportunidades para as classes médias e a formação de novos segmentos no seu interior.

Cabe mesmo duvidar da possibilidade de se desenvolver um movimento autônomo da categoria social que alcance a dominação política, nas condições gerais da sociedade latino-americana. Talvez a Argentina seja o melhor exemplo disso: aí se formou, a partir do último quartel do século XIX, uma classe média relativamente integrada, com uma experiência política que se tornou gradativamente considerável, cuja expressão foi o Partido Radical. Entretanto, embora o radicalismo tenha ascendido ao poder e nele se mantido entre 1918 e 1930, seu triunfo não correspondeu à dominação política do setor; a força hegemônica do país continuou a ser a velha classe dominante. Que dizer então do Brasil, onde as classes médias se caracterizam por uma frágil integração e uma tosca experiência política?

A pequena burguesia brasileira da década de 1920 é uma força subordinada. Seu inconformismo para com a prática oligárquica se adapta às cisões da classe dominante (candidaturas Rui Barbosa, Reação Republicana), funcionando como "base de massa" de tais cisões. Isto é tanto mais simples quanto se trata de contar com a mobilização de uma categoria social cuja contestação não vai além das fronteiras que o sistema legitima. Ao longo da Primeira República, a reforma política é o ponto de encontro ideológico entre as oposições e as classes médias, aparecendo como tema básico da plataforma liberal, não obstante a prática política dos Antônio Carlos, João Neves da Fontoura, Artur Bernardes, Borges de Medeiros e o próprio Getúlio Vargas. Após a Revolução de 1930, a relativa homogeneidade ideológica da categoria desaparece e se evidencia um alinhamento diferenciado, que corresponde à nova situação. Se os efetivos majoritários do setor mantiveram-se fiéis aos princípios liberais, dele provieram também grande parte dos quadros da Aliança Nacional Libertadora e especialmente da Ação Integralista. Mas nem uma nem outra dessas organizações, cujos objetivos eram aliás diametralmente opostos, pode ser considerada como expressão da categoria social.

O momento em que se dá a representação específica das classes médias, pela "potência governamental vinda do alto", é muito posterior a 1930; o momento de sua ascensão ao poder não é 1930, nem qualquer outro episódio da história brasileira. No contexto da sociedade latino-americana, esse momento é uma possibilidade histórica definitivamente liquidada.

NOTAS

(1) Virgílio Santa Rosa, *O sentido do tenentismo*, Rio de Janeiro, Schmidt, 1933.

(2) "Entendemos aqui por classe média o conjunto dos pequenos negociantes e industriais, profissionais liberais, funcionários, militares e assalariados que, por sua qualificação técnica e instrução, não podem ser confundidos com a massa obreira comum." Guerreiro Ramos, *A crise do poder no Brasil*, Rio de Janeiro, Zahar, 1961, p. 24.

(3) "A revolução de 1930 não ultrapassa o significado liberal das quarteladas de 1922 e 1924. É o último elo da revolução da classe média que se iniciara mais ou menos por volta de 1910, com a Campanha Civilista de Rui Barbosa. Seu objetivo é eminentemente liberal e se diferencia das tentativas que a antecederam por ter obtido êxito." Guerreiro Ramos, *op. cit.*, p. 28.

(4) Hélio Jaguaribe, *Desenvolvimento econômico e desenvolvimento político*, Rio de Janeiro, Ed. Fundo de Cultura, 1962.

(5) José Nun, "Amérique Latine: la crise hégémonique et le coup d'État militaire", in *Sociologie du travail* (número especial: "Classes sociales et pouvoir politique en Amérique Latine") nº 3/67, pp. 304 e 299.

(6) "De fato, os militares deflagraram a revolta sem qualquer aviso prévio aos correligionários civis, e até mesmo escondendo deles os seus propósitos de irem à ação direta. Otávio Rocha, que era militar, foi tratado com reserva e desconfiança, por ser deputado." Cf. Afonso Arinos de Melo Franco, *Um estadista da República (Afrânio de Melo Franco e seu tempo)*, Rio de Janeiro, Livraria José Olympio Ed., 1955, vol. II, p. 1054. Citado por Nélson Werneck Sodré, *História militar do Brasil*, Rio de Janeiro, Civilização Brasileira, 1965.

(7) Juarez Távora, *À guisa de depoimento*, Rio de Janeiro, O Combate, 1927-28, vol. I, pp. 113-5. Anais da Câmara dos Deputados, sessão de 10-7-24, Rio de Janeiro, Imprensa Nacional, 1929, p. 301. *O Estado de S. Paulo*, 6-7-24.

(8) *O Estado de S. Paulo*, 9-7-24.

(9) *Anais do Senado Federal*, sessão de 11-7-24, Rio de Janeiro, Imp. Nacional, 1927, p. 519.

(10) *Anais da Câmara dos Deputados*, sessão de 8-7-24.

(11) Ver a respeito: Polícia de São Paulo, *Movimento subversivo de julho*,

2ª ed., São Paulo, Tip. Garraux, 1925. Aires de Camargo, *Patriotas paulistas na Coluna Sul*, São Paulo, Livr. Liberdade, 1925. Citado por Edgard Carone, *A Primeira República*, São Paulo, Dif. Europeia do Livro, 1989, p. 86.

(12) É bem verdade que se tratava de gente militarmente pouco significativa, quase desarmada, que logo abandonou em grande número os combatentes. João Alberto Lins e Barros, *Memórias de um revolucionário*, Rio de Janeiro, Civilização Brasileira, 1953, p. 52.

(13) "A prevenção contra os tenentes era geral entre os políticos. A polícia do PRP, em São Paulo, coligira extensa 'documentação de que João Alberto, Siqueira Campos, Miguel Costa, Luís Carlos Prestes e outros estavam de pleno acordo na implantação do bolchevismo no Brasil'. A Virgílio de Melo Franco e a Pedro Ernesto, quando ia adiantada a conspiração, Artur Bernardes chamava a atenção para os boatos sobre as tendências comunistas de Prestes e seus companheiros. Essas dúvidas se dissipariam, mais tarde, em alguns setores, com a definição marxista de Luís Carlos Prestes. [...] Mesmo assim, a prevenção continuava. 'Nem por sombras devemos admitir a possibilidade de nos ligarmos a essa gente' — era a opinião de Francisco Campos, então secretário do Interior em Minas e lugar-tenente de Antônio Carlos na articulação do movimento da Aliança Liberal." Cf. Paulo Duarte, *Que é que há?*, S.l.p., 1931, pp. 121 e 180. Citado por Francisco de Assis Barbosa, *op. cit.*

(14) Vejam-se as referências de João Alberto às críticas de Prestes: "Havia algo de verdade no que ele dizia. Estávamos de mãos dadas com os nossos adversários da véspera, os inimigos da Coluna, e não podíamos esperar deles muita coisa. O próprio dr. Artur Bernardes, contra quem havíamos lutado durante anos, proclamava-se agora revolucionário ardoroso em Minas Gerais. Evidentemente, aquela não era a nossa revolução, mas que fazer? Tínhamos que jogar a cartada e acreditar em políticos como Maurício Cardoso, Osvaldo Aranha, Luzardo, João Neves, para só falar nos do Rio Grande do Sul, com quem eu entrara em contato mais estreito". João Alberto Lins e Barros, *Memórias de um revolucionário*, Rio de Janeiro, Civilização Brasileira, 1953, pp. 219-20.

(15) Antônio dos Santos Figueiredo, *1924: episódios da revolução de São Paulo*, Porto, Empr. Ind. Graf., s. d., pp. 227 e 297. Paulo Duarte, *Agora nós!*, São Paulo, s. c. p., 1927, pp. 128 e 138. Renato Jardim, *A aventura de outubro e a invasão de São Paulo*, 3ª ed., Rio de Janeiro, Civilização Brasileira, s. d., p. 298.

(16) Antônio dos Santos Figueiredo, *op. cit.*, p. 137.

(17) Juarez Távora, *op. cit.*, vol. III, pp. 185 e ss.; 156 e ss.

(18) J. Nunes de Carvalho, *A revolução no Brasil*, Buenos Aires, 1925, p. 11. Lourenço Moreira Lima, *Marchas e Combates*, Pelotas, Globo, 1931, 2º vol., p. 364.

(19) "Sendo este (o Executivo) o mais pessoal dos três poderes políticos é, por isso mesmo — num regime de irresponsabilidade quase absoluta, qual o nosso — o menos próprio para exercer esse ascendente. Uma vez que o equi-

líbrio dos poderes políticos se haja de romper, em favor de um deles menos perigoso é, para a liberdade, que tal suceda com o Poder Judiciário." Juarez Távora, *op. cit.*, vol. III, p. 234. Cf. também J. Nunes de Carvalho, *op. cit.*, p. 24. (20) Juarez Távora, *op. cit.*, vol. I, p. 93. *O Estado de S. Paulo*, 24-7-24. *Diário Nacional*, 22-11-31.

(21) Juarez Távora, *op. cit.*, vol. I, p. 91.

(22) Juarez Távora, *op. cit.*, vol. III, p. 228.

(23) *O Estado de S. Paulo*, 24-7-24. J. Nunes de Carvalho, *op. cit.*, p. 32. Augusto Ximeno de Villeroy, *Benjamin Constant e a política republicana*, Rio de Janeiro, s. c. p., 1928, p. 316.

(24) Antônio dos Santos Figueiredo, *op. cit.*, p. 230. João Alberto Lins e Barros, *op. cit.*, p. 155.

(25) *O bacharel Epitácio Pessoa e o glorioso levante militar de 5 de julho de 1922 — O depoimento do sr. tenente coronel Frutuoso Mendes*, Rio Grande do Sul, 1932, p. 13. Juarez Távora, *op. cit.*, vol. I, p. 84. *O Estado de S. Paulo*, 10-7-24. Temístocles Cunha, *No país das Amazonas, a revolta de 23 de julho*, Bahia, Livraria Catilina, 1925, pp. 50-8 (citado por Edgard Carone, *A Primeira República*, p. 263).

(26) Alberto Torres, *A organização nacional*, Rio de Janeiro, Imprensa Nacional, 1914. Francisco José de Oliveira Viana, *Problemas de política objetiva*, 2ª ed., São Paulo, Cia. Ed. Nacional, 1947 (1ª edição 1930). No que diz respeito à divisão de poderes, a distinção entre as fórmulas tenentistas e o pensamento de Oliveira Viana se encontra na importância que este atribui ao Executivo, no sentido de reforçar a supremacia da União. Mas a idealização do papel reservado ao Poder Judiciário é mais um ponto comum entre os "tenentes" e este autor.

(27) "Manifesto da dissidência paulista", *O Estado de S. Paulo*, 6-11--1901.

(28) Alberto Torres, *op. cit.*, p. 273. Oliveira Viana, *op. cit.*, p. 178.

(29) Nicos Poulantzas, *Pouvoir politique et classes sociales*, Paris, F. Maspero, 1988.

(30) Karl Marx, *Le 18 Brumaire de Louis Bonaparte*, Paris, Ed. Sociales, 1949, p. 98.

(31) Plínio Barreto era particularmente visado por sua atitude em 1922, quando atacou os "tenentes" em artigo ("Heróis, não!") e por suas ligações com o grupo de *O Estado de S. Paulo*. Há razões para se pensar em certa persistência na hostilidade dos "tenentes" para com o jornal. Vejam-se os ataques à "máfia" de Plínio Barreto por parte do major Olímpio Falconieri e as críticas de Juarez Távora a *O Estado* e a Armando de Salles Oliveira (julho de 1933) em Hélio Silva , *1933 — A crise do tenentismo*, Rio de Janeiro, Civilização Brasileira, 1968, pp. 187 e 204.

(32) *O Estado de S. Paulo*, 14-7-31.

(33) Hélio Silva, op. cit., pp. 113 e ss.

(34) Paulo Nogueira Filho, *Ideais e lutas de um burguês progressista. A Guerra Cívica — 1932*, Rio de Janeiro, J. Olympio Ed., 1965, vol. I, p. 307.

(35) *Diário Nacional*, 28-2-31; 20-2-31; 10-2-31; 5-5-32.

(36) Ver a respeito: Sertório de Castro, *Diário de um combatente desarmado*, São Paulo, J. Olympio Ed., 1934.

(37) Ximeno de Villeroy, Juarez Távora, Nunes de Carvalho, *ops. cits.* Vejam-se especificamente as críticas de Juarez Távora a seus companheiros de 1924 por não terem requisitado dinheiro de repartições púbicas e bancos: "Dir-se-á, talvez, que a posse de tão avultado capital teria quebrado o tom de desinteresse que vem aureolando os revolucionários e atrairia sobre eles a odiosidade dos capitalistas de São Paulo. Pouco importaria isso, porque não é com a simpatia dos plutocratas paulistanos que a revolução tem vivido [...]". Juarez Távora, *op. cit.*, vol. I, p. 248.

(38) *O Estado de S. Paulo*, 7-1-31.

(39) Eustáquio Alves, *Misérias da política*, Rio de Janeiro, Alba, 1933, pp. 367-8.

(40) O projeto de programa do Clube 3 de Outubro se encontra transcrito em *Anais da Assembleia Nacional Constituinte*, Rio de Janeiro, Imp. Nacional, 1935, vol. III.

(41) Fernando Henrique Cardoso, *op. cit.*, p. 84.

(42) Aníbal Fernandes, *Pernambuco no tempo do "Vice-Rei"*, Rio de Janeiro, Schmidt, s. d., pp. 119 e ss.

(43) *Diário Nacional*, 3-1-32.

(44) Nelson Werneck Sodré, *História da burguesia brasileira*, Rio de Janeiro, Civilização Brasileira, 1964, pp. 313-4. *O Estado de S. Paulo*, 20-12-31.

(45) Jorge Amado, *Vida de Luís Carlos Prestes*, São Paulo, Livraria Martins Ed., 1945. João Alberto Lins de Barros, *op. cit.* Gláucio Carneiro, *O revolucionário Siqueira Campos*, Rio de Janeiro, Record, 1966. Gastão Pereira da Silva, *Brigadeiro Eduardo Gomes*, Rio de Janeiro, Ed. Panamericana, 1945. Wanor R. Godinho e Oswaldo S. Andrade, *Constituintes brasileiros de 1934*, Rio de Janeiro, s. c. p., s. d. *O Estado de S. Paulo* e *Diário Nacional*.

(46) Uma das melhores imagens ideológicas dessa ressocialização se encontra na perspectiva traçada pelo tenente Nunes de Carvalho: "Apelar para o povo, esse infeliz povo sobrecarregado de impostos, sem instrução e sem vida, que jaz disseminado pelo imenso território brasileiro, em pontos onde muitas vezes não chega sequer sombra de civilização, onde não bafeja o sentimento, a ideia de Pátria? Esse povo, só por si, nada poderá fazer; mas se à sua frente estiver a síntese desse mesmo povo — o Exército brasileiro — composto de caracteres bem formados, com a noção exata do cumprimento do dever — de 'defensor da Pátria no exterior e mantenedor das leis no interior' —, esse povo terá alcançado um nível bem mais elevado do que aquele em que vive

hoje aos olhos do estrangeiro ganancioso e audaz. É, pois, para esse pioneiro e expoente do civismo nacional que apelamos, no sentido de arrancar a República desse lamaçal pútrido das bajulações interesseiras e das negociatas imorais e alçá-lo ao Altar-Mor da Pátria que se tornaria assim mais forte e mais respeitada". J. Nunes de Carvalho, *op. cit.*, p. 24.
(47) Francisco C. Weffort, *Classes populares e política*, São Paulo, Fac. de Filosofia, Ciências e Letras da USP, 1988, pp. 65-6.

3
A "DERRUBADA" DAS OLIGARQUIAS

Ao se caracterizar a Revolução de 1930 é preciso considerar que as suas linhas mais significativas são dadas pelo fato de não importar em alteração das relações de produção na instância econômica, nem na substituição imediata de uma classe ou fração de classe na instância política. As relações de produção, com base na grande propriedade agrária, não são tocadas; o colapso da hegemonia da burguesia do café não conduz ao poder político outra classe ou fração de classe com exclusividade. Essa última circunstância elimina as explicações monistas do episódio, em termos de ascensão da burguesia nacional, revolução das classes médias.

Para melhor se compreender o movimento revolucionário convém destacar alguns traços da formação social brasileira que revelam a inconsistência dos mitos dualistas de qualquer origem. Como alguns autores têm demonstrado com bastante pertinência, a inteligibilidade da sociedade subdesenvolvida latino--americana só se torna possível quando considerada como parte integrante da expansão capitalista da Europa ocidental, a partir do século XVI. No caso brasileiro, o desenvolvimento do sistema capitalista foi o núcleo gerador da implantação e do declínio de uma economia de exportação, que se localizou, sucessivamente, no Nordeste, em Minas Gerais e no Centro-Sul. As regiões onde predomina o atraso ou as "relações semifeudais" são em geral áreas que ganharam impulso e foram posteriormente marginalizadas, em função das necessidades das metrópoles; suas relações com os núcleos modernos ou capitalistas não são de oposição, mas de complementaridade. Assim, exemplificando, essas áreas têm desempenhado muitas vezes o papel de fornecedoras de força de trabalho barata, de matérias-primas, e têm servido de mercado para as mercadorias produzidas pelas regiões mais adiantadas, sobretudo quando se instala, no Centro-Sul, o desenvolvimento industrial.

Os desníveis regionais internos não são um componente específico das áreas dependentes, pois existem mesmo nos países capitalistas avançados, como consequência da concentração geográfica do processo de acumulação. O subdesenvolvimento acentua, porém, esse desequilíbrio, impondo, no caso do Brasil, até os anos 1930, a predominância dos centros voltados para a produção e comercialização de bens destinados ao mercado externo. Como observa Andrew Gunder Frank, há nos países subdesenvolvidos uma verdadeira satelitização em cadeia, que se propaga do plano externo ao interno: relação metrópole-satélite entre países dominantes e dominados; relação do mesmo tipo entre regiões dominantes e dominadas, no interior das diferentes regiões.

A tese dualista tirava seu maior argumento do caráter atrasado da estrutura agrária, pretendendo definir como semifeudais as áreas aparentemente desvinculadas do mercado, e certas relações de trabalho como a "meia", a "terça", o "cambão". Caio Prado Jr. e Andrew Gunder Frank, convergindo na análise teórica para extrair conclusões políticas bastante diversas, demonstraram que o atraso dessa estrutura só é inteligível quando referido ao sistema capitalista mundial. No Brasil, o setor básico da produção agrícola, quer sob a forma de *plantation*, assentada no trabalho escravo, quer sob a forma de fazenda, em que se instalam relações de trabalho livre, é constituído por unidades produtivas voltadas para o mercado externo, caracterizadas pela identidade entre apropriação real/propriedade. Ao contrário do que sucedia na economia camponesa feudal europeia, onde o camponês detinha as condições gerais da produção e se subordinava por laços pessoais ao senhor, o empresário (arrendatário ou não) controla a terra, os instrumentos de trabalho, compra ou aluga força de trabalho. A agricultura extensiva, o monopólio da terra, a existência de áreas regionais nada tem a ver com a formação da Europa medieval, pois são produtos do "desenvolvimento do subdesenvolvimento", determinado a partir dos centros mundiais do sistema. Particularmente significativa é a afirmação de Frank de que relações de trabalho como a "meia", a "terça" não se vinculam a uma mentalidade feudal ou a sequelas coloniais, mas a duras considerações de ordem econômica e técnica de maior rentabilidade, de acordo com o tipo de cultura e a oferta de mão de obra, embora se possa pôr em dúvida a modernidade dessas relações, em todos os lugares em que apareçam.[1]

A liquidação do mito do feudalismo recoloca as questões, a partir de uma outra perspectiva. A eliminação de um conceito inadequado não significa, porém, negar a existência de áreas de maior e menor desenvolvimento, no interior dos diferentes países, nem a importância dos mecanismos de articulação interna dessas áreas. Até que ponto as chamadas "formas espúrias", de relações formalmente não capitalistas, os "remanescentes escravistas" são meros resíduos ou representam uma contradição interna do sistema que deve ser valorizada, tanto sob o aspecto econômico como, sobretudo, sob o aspecto político?

Para os limites da nossa discussão, importa considerar o surgimento da burguesia do café — entendida a expressão em sentido amplo, abrangendo os setores produtores, comerciais e financeiros, muitas vezes interligados — a partir de meados do século XIX, quando o país já alcançara a independência política e o Estado nacional se tornara o centro das decisões. O processo de formação da classe dominante, na economia açucareira e cafeeira, tem algumas diferenças essenciais. Do ponto de vista dos agentes que intervêm nas etapas da produção, as fases produtiva e comercial, como assinala Celso Furtado, acham-se separadas, no primeiro caso, com a monopolização do comércio por grupos situados em Portugal e na Holanda; a burguesia do café, pelo contrário, se forma "numa luta que se estende em uma frente ampla: aquisição de terras, recrutamento de mão de obra, organização e direção da produção, transporte interno, comercialização nos portos, contatos oficiais, interferência na política financeira e econômica".[2] A possibilidade de maior margem de manobra da nova classe, diante dos centros financeiros externos, decorre não só dessa circunstância, como de pelo menos duas outras, diretamente relacionadas com as condições do mercado mundial e a forma pela qual o país se inseria no sistema capitalista. O Brasil deteve, por muitos anos, praticamente o monopólio da produção de café, destinada a um mercado em expansão. Por outro lado, como lembra Warren Dean, o controle de seu comércio exterior, ao contrário do que sucedia com outros países da América Latina, dividia-se entre diversas áreas de influência. O financiamento vinha da Inglaterra — principal credor da dívida pública brasileira; as exportações se dirigiam essencialmente para os Estados Unidos e a Europa ocidental; os produtos importados eram adquiridos sobretudo na Inglaterra, mas a Alemanha, até a Primeira Guerra Mundial constituía um competidor agressivo.[3]

A primeira operação valorizadora, iniciada em 1906 com o Convênio de Taubaté, é uma demonstração da possibilidade de barganha. Muito embora os Rotschild se opusessem à "aventura", na qualidade de principais credores do Brasil, o estado de São Paulo, com o posterior apoio da União, logrou levar avante o convênio. Para isto, realizou um acordo com o maior importador de café da época — Hermann Sielcken — a que se seguiu a entrada no negócio da firma exportadora alemã Theodor Wille & Cia., do National City Bank de Nova York, dos opositores dos Rotschild e Banco da França, respectivamente J. Henry Schroeder & Cia. e Société Générale de Paris.[4]

Em qualquer hipótese porém, trata-se de uma relativa margem de opção, no interior de uma dependência fundamental. A política econômica pode partir do núcleo cafeeiro interno, mas não passa de uma seleção entre variáveis limitadas pela dependência. Se a primeira operação valorizadora foi desfechada, apesar dos obstáculos opostos de início pelos Rotschild, ficou nas mãos dos demais grupos financeiros que controlaram os estoques, por meio de uma comissão de sete membros, onde detinham seis postos, cabendo um lugar apenas ao estado de São Paulo. É quase desnecessário dizer que esses grupos foram os grandes beneficiários da operação. A partir de 1924, a política de defesa permanente do café sustentou os preços por alguns anos, trazendo como contrapartida o endividamento crescente aos centros financeiros externos, a superprodução, o acúmulo de estoques invendáveis.

No plano interno, a burguesia cafeeira detém em última análise o poder, por intermédio do eixo São Paulo-Minas, reunindo as duas oligarquias mais poderosas, a partir da eleição de Prudente de Morais (1894). Independentemente do fato de surgirem atritos na escolha de nomes, a aliança do "café com leite", a partir dessa eleição, com o único hiato do governo do Marechal Hermes da Fonseca (1910-1914), elege presidentes paulistas e mineiros, ou sob seu estrito controle, como é o caso do paraibano Epitácio Pessoa, escolhido por acordo entre os dois estados, na emergência decorrente da morte de Rodrigues Alves (1919).

Entretanto, os primeiros governos militares de Deodoro e Floriano, embora correspondam aos anos de indefinição do sistema, não conflitam com os interesses da burguesia do café, cuja expansão econômica é considerável, nos últimos anos do século XIX.

A Constituição de 1891 evidencia, no plano das instituições, que a classe dominante consegue alcançar seus objetivos políticos já no início da República, e é um índice de sua capacidade para promover a integração do país, na medida de tais objetivos. A ampla autonomia estadual consagrada na Constituição (possibilidade de contrair empréstimos externos, constituir milícias; discriminação de rendas favorecendo os estados, a quem cabe lançar impostos sobre a exportação, transmsissão de propriedade rural, indústrias e profissões, e dentre eles as unidades maiores; dualidade de magistratura etc.) não corresponde a um esfacelamento do poder central. É significativo assinalar que, nas discussões da Assembleia Nacional Constituinte, os representantes paulistas opõem-se ao reconhecimento de uma espécie de soberania estadual, proposta por representantes do Rio Grande do Sul, influenciados pelo positivismo.

A montagem da chamada política dos governadores, por Campos Sales, acentuando a dominância das unidades de maior peso e garantindo a estabilidade do poder central, através do reconhecimento das situações estaduais, representa o segundo grande momento institucional de predomínio do eixo São Paulo-Minas. As relações de igualdade que se estabelecem entre União e estados dominantes, em contraste com a subordinação do município ao estado, são um indicativo da natureza social da oligarquia dirigente, em particular a paulista.[5] Extraindo sua força, em última instância, da grande propriedade agrária, ela exprime entretanto menos o "coronel" do interior, vinculado apenas ao meio rural, do que os interesses de conjunto da classe, condensando os grupos produtores, comerciais e financeiros ligados ao café.

O caráter fundamental da economia cafeeira e a modelação das instituições do país em seu proveito permitiram à classe hegemônica conservar a hegemonia mesmo quando o presidente da República provinha dos pequenos estados.[6] Para isso, ela necessitava do apoio das classes dominantes das demais regiões do país, que se alinhavam, seja na condição de beneficiárias mais próximas do núcleo central (Rio Grande do Sul, Bahia, Pernambuco), seja como elementos secundários do sistema.

Na articulação das várias áreas, o Estado — centro de coesão da formação social — assume concomitantemente o papel de "representante direto" dos interesses cafeeiros e de guardião dos interesses nacionais. Ao mesmo tempo que depende das oligarquias regionais, é a última instância que as legitima, funcionando como árbitro nas áreas cujos interesses não representa "de maneira direta".⁷ Isso se expressa nas frequentes intervenções federais, ou nas pacificações alcançadas em momentos de crise aguda. É o caso, por exemplo, do acordo de Pedras Altas, realizado por Artur Bernardes no Rio Grande do Sul, pondo fim à luta entre libertadores e republicanos.

Nesse contexto, por força do caráter que assume a satelitização interna, não se constituem no país frações nacionais de classe, e as contradições no interior das classes dominantes tomam a forma regional.

A existência de violentas disputas entre grupos políticos estaduais não invalida essa constatação. Tais disputas constituem quase sempre atritos locais para decidir quem recebe os favores do núcleo dominante, na escala nacional. Quando se abre a possibilidade de enfrentá-lo, as dissensões regionais são mitigadas e até esquecidas, embora possam ter chegado à luta aberta.

O caso mais significativo é o do Rio Grande do Sul, onde se forma, em 1929, a Frente Única gaúcha, reunindo os velhos rivais libertadores (federalistas) e republicanos em torno da candidatura Getúlio Vargas. Mesmo a divisão política existente em São Paulo, a partir de 1926, com a formação do Partido Democrático, que contribui indiretamente para o êxito da Revolução de 1930, não contradiz a análise que enfatiza o predomínio das oposições de região a região: o PD simpatiza com os revolucionários, porém não participa do episódio; dezoito meses após o triunfo do movimento já se encontra unido ao PRP, na Frente Única paulista, e é o grande centro político na preparação da Revolução de 1932 contra o governo federal.

A CRISE DOS ANOS 1920

O sistema começa a apresentar sinais inquietantes de desequilíbrio nos primeiros anos da década de 1920. Eles se revelam no inconformismo das classes médias e, sobretudo, nas revoltas tenentistas.

De fato, a oposição regional não se traduz, ao longo da Primeira República, em um conflito aberto. Pelo contrário, a fermentação em torno das candidaturas adversárias do eixo São Paulo-Minas morre com o fim dos pleitos, e as oligarquias menores tratam de mostrar sua solidariedade ao novo governo. A antecipação revolucionária dos "tenentes" — sintoma gravíssimo de uma crise que se instala no aparelho do Estado — liga-se a uma dupla frustração. De um lado, a burguesia cafeeira confere ao Exército um papel subordinado; de outro, a cúpula militar aceita esse papel e entra em acordo com as oligarquias. O movimento tenentista não se volta apenas contra os quadros dirigentes civis da República Velha: Juarez Távora não poupa ataques aos "arreganhos militares" do ministro da Guerra, o futuro marechal Setembrino de Carvalho, acusando-o de exercer uma espécie de militarismo de encomenda, "tacanho e porco", explorando fraquezas e caprichos de Artur Bernardes.[8] Um dos membros da Junta Provisória de 1930 — o general Tasso Fragoso —, em declarações prestadas em 1937, refere-se ao projeto concebido por alguns "tenentes" para afastar da ativa todos os generais, como incompetentes e suspeitos.[9]

Por outro lado, nas vinculações com núcleos familiares tradicionais de vários líderes tenentistas, independentemente da condição econômica, encontra-se uma das razões de sua audácia. Os líderes não se integram ao Exército como figuras obscuras, em busca de ascensão social; pelo contrário, uma responsabilidade de elite pelos destinos do país, que julgam desviado de seus verdadeiros objetivos, incentiva-os a romper abertamente com a ordem estabelecida.

Qual o caráter da crise que se abre na década de 1920? Assinalando com justeza a distinção entre a esfera das relações econômicas e das relações políticas no "antigo regime", Francisco Weffort afirma que ela se dá no nível do Estado, antes de se manifestar no nível da economia. Sem negar a presença de uma crise econômica, cujas raízes entretanto viriam de longe, Weffort insiste na anterioridade da crise política e destaca a tranquilidade, certa euforia econômica, no curso do governo Washington Luís, com exceção do último ano. Identificando todos os movimentos de rebeldia da época com as classes médias, explica a virulência antioligárquica, "num período em que a sociedade e a economia 'tradicionais' se encontram em plena vitalidade", pela incapacidade da "sociedade tradicional" de abrir o Estado a esses setores criados por sua própria expansão. Isto levaria as classes médias a lutar pela modernização das estruturas políticas, sem tocar no processo produtivo, do qual dependiam e do qual eram solidárias de algum modo.[10]

Sem dúvida, esse autor tem razão ao insistir nas características jurídico-políticas da crítica antioligárquica e ao evitar o economismo, não identificando esquematicamente crise econômica e crise política. No entanto, algumas de suas conclusões nos parecem sujeitas, pelo menos, a maior discussão.

A anterioridade da crise política só pode ser afirmada se substituirmos o conceito de "contradição econômica" pelo de "crise", associando a essa noção o sentido de "crise catastrófica". A estrutura econômica do país, baseada na monocultura cafeeira, torna-se extremamente vulnerável, a partir da Primeira Guerra Mundial, por depender de um único produto de exportação, em um mundo que tende cada vez mais à autarquia e ao protecionismo. O problema não tem a mesma dimensão no início da República e na década de 1920. Nos fins do século XIX e início deste século, as perspectivas do comércio internacional são promissoras, e o Brasil detém praticamente o monopólio da produção mundial; nos anos 1920, a concorrência de outros países aumenta, a tendência à queda de preços se acentua, a política de valorização se instala. Como mostra um economista, de resto pouco inclinado ao conceito de contradição, referindo-se à defesa permanente do produto,

> o sistema, por maior que fosse o seu bom êxito a curto prazo (medido, quer do ponto de vista do agricultor, que queria mil-réis por saca, quer do ponto de vista do governo, que desejava mais libras esterlinas por saca), continha em si mesmo a contradição que o acabaria liquidando. Mantidos os preços altos interna e externamente, a liquidação do sistema era uma questão de tempo,

pois em breve haveria uma superprodução incontrolável (ou brasileira, ou de nossos concorrentes) e seria impossível repetir-se a operação com bom êxito.[11]

É verdade que, em meio a essa situação estruturalmente desequilibrada, o café apresentou alguns bons anos, sobretudo no governo Washington Luís. Mas esses anos favoráveis não significaram necessariamente euforia ou redução de dificuldades econômicas para todos os setores da população. Os efeitos da crise internacional de 1921 e as emissões maciças para atender às compras de café no curso da terceira operação valorizadora, provocando o aumento do meio circulante de 1,8 milhão de contos em 1920 para 2,6 milhões em 1923, acentuaram a tendência à elevação do custo de vida, na década de 1920. É significativo assinalar que, segundo os índices apresentados por Roberto Simonsen, entre 1923 e 1924 verificou-se a maior elevação do período 1914-1930, cerca de 17%.

ÍNDICES DO CUSTO DE VIDA — 1914-1930

Anos	Índice
1914	100
1915	108,5
1916	116,5
1917	128,3
1918	144,1
1919	148,8
1920	163,8
1921	167,9
1922	184
1923	202,8
1924	236,6
1925	252,8
1926	260
1927	267,4
1928	263
1929	261
1930	237,3

Fonte: Roberto Simonsen, *Evolução industrial do Brasil*, p. 40.

Embora esses índices não discriminem os percentuais dos diferentes artigos — o que, aliás, poderia aumentar em muito o cálculo relativo aos bens de primeira necessidade — e devam ser confrontados com a elevação média dos salários, é certo que, na primeira fase do governo Bernardes, pontilhada pelas agitações tenentistas, a inflação assumiu aspectos graves, tendo o governo tomado algumas medidas para enfrentá-la.[12]

Note-se que os "tenentes" procuraram capitalizar em seu favor a conjuntura desfavorável, como se vê por esse expressivo trecho de uma carta dirigida pelo moderado general Isidoro Dias Lopes ao deputado Azevedo Lima, com data de 27 de fevereiro de 1925:

> Fantasticamente rico, o Brasil, sob o ponto de vista financeiro, está falido. Não pode pagar os fabulosos juros da sua fabulosa dívida, apesar dos milhões de contos de réis extorquidos ao povo nesses últimos vinte anos. Fantasticamente rico — sob o aspecto econômico —, o Brasil contempla uma oligarquia plutocrática a enriquecer até a quinta geração, enquanto 30 milhões de habitantes, quase em miséria, são cada vez mais explorados. Esses 10 mil, do vasto sindicato, são compostos dos grandes industriais, seus parentes, compadres e nepotes de toda a sorte. Ao passo que esses 10 mil enriquecem, como acentuei, até a quinta geração, o operariado e uns 30 milhões de espoliados, sem dinheiro de ordem alguma, estão quase na miséria, por uma artificial e criminosa carestia de vida.[13]

Lembre-se também a difícil situação em que se abre o ano de 1929, quando o problema da superprodução se torna agudo: as floradas dos cafezais, plenamente recuperados da grande safra 1927-1928, que produzira aproximadamente 27 milhões de sacas contra cerca de 18 milhões no ano agrícola 1926-1927, anunciavam uma safra de pelo menos iguais proporções, acrescida ainda dos novos cafezais que entravam em produção.[14]

O fato de que a ideologia da oposição raramente ultrapasse os limites jurídico-políticos tem algo a ver com os horizontes de uma "visão moralizante de classe média", sobretudo em manifestações como a do Partido Democrático de São Paulo, mas não se explicita apenas nessa relação. Os limites existem tanto nos pronunciamentos tenentistas como na crítica das oligarquias dissidentes. Se isto acontece, é porque os setores inconformados com o predomínio da burguesia do café não têm condições objetivas para apresentar um projeto de estruturação econômica do país diverso do núcleo cafeeiro, mesmo deixando intocadas as relações de produção. Por longo tempo, as oligarquias imediatamente inferiores à oligarquia paulista, cujos representantes políticos são os Antônio Carlos, os Borges de Medeiros, os Vargas, não vislumbram outro caminho senão o da acomodação, do recebimento de favores do centro predominante, como se deduz, por exemplo, das boas relações entre Washington Luís e os dirigentes gaúchos, na fase imediatamente anterior ao lançamento da candidatura Getúlio Vargas.

Quando a Aliança Liberal se estabelece, como arma de pressão aberta a todo tipo de conciliações, que programa podem oferecer as oligarquias estaduais do Rio Grande do Sul e de Minas Gerais, a que se junta um estado representante do abandonado Nordeste, senão essencialmente a reforma política? Que viabilidade havia para sugerir novos rumos, para além de tímidas referências à necessidade de diversificação econômica? Vargas e Antônio Carlos insistem mesmo em dizer que, vitoriosa a oposição, a política do café não será modificada. Em declaração ao *Correio do Povo* de Porto Alegre, afirma o candidato da Aliança:

> A lavoura do café é, por assim dizer, a linha mestra da nossa economia. A influência da produção cafeeira na vida do país é tão importante que se lhe não podem negar as honras e o largo alcance de um problema de interesse eminentemente nacional. Na cifra global da nossa exportação o café contribui com 70%. Tanto vale dizer que entra com mais de dois terços do ouro necessário ao equilíbrio da nossa balança comercial. O café está, portanto, estreitamente entrelaçado com o problema do câmbio e a estabilização do valor da moeda. Nada mais se torna mister acrescentar para que se avalie quanto a questão do café interessa ao Governo Federal.[15]

Antônio Carlos enfrenta, por sua vez, as especulações com a origem gaúcha do candidato:

> Só por exploração eleitoral se poderia dizer que o dr. Getúlio Vargas, na presidência da República, se desinteressará da política defensora dos preços do café. Com a sinceridade que o caracteriza e a convicção de quem não sabe faltar a compromissos, ele já afirmou de modo inequívoco e público que, na execução dessa política, sua atitude coincidirá inteiramente com as diretrizes e com a atuação que a mentalidade paulista, com inteiro acerto, tem ditado aos seus dirigentes.[16]

No entanto, ao se constituir, em agosto de 1929, a Aliança Liberal, havia alguns indícios no país de que o tradicional ensarilhar de armas da oposição, após uma derrota nas urnas, poderia não se repetir. A Aliança era uma coligação de oligarquias dissidentes cujos nomes ilustres não visavam outra coisa senão pressionar a burguesia de São Paulo e obter concessões. No seu interior se encontravam, porém, alguns quadros jovens (Virgílio de Melo Franco, José Américo, Osvaldo Aranha, Batista Luzardo etc.) que, sem diferenças ideológicas essenciais com os velhos oligarcas, deles se distanciavam por uma disposição de alcançar o poder pelo caminho das armas, se necessário. Além da existência desses quadros, a possibilidade de contar com a articulação dos "tenentes" e o apoio das classes médias eram os elementos capazes de alterar os dados de uma tranquila sucessão.

Nesse ponto, é necessário restituir toda importância à trama dos acontecimentos políticos. A insistência do presidente Washington Luís em apresentar candidato paulista à sucessão, para garantir a continuidade de sua política financeira, a negativa de abrir mão do nome de Júlio Prestes, mesmo em favor de outra figura de São Paulo, forçou a ruptura da velha aliança do "café com leite", colocando na cena política uma perigosa área de atrito. Embora a iniciativa do veto à candidatura Júlio Prestes partisse de Minas Gerais, a apresentação de um nome mineiro tornou-se inviável, nascendo dos entendimentos entre esse estado e o Rio Grande do Sul a candidatura Getúlio Vargas.

Pela primeira vez desde a época de apogeu do senador Pinheiro Machado, cuja indicação fora barrada em 1913 pelo acordo São Paulo-Minas, o Rio Grande do Sul — satélite de primeira plana — aspirava à presidência, em situação favorável, por contar agora com o apoio de um dos estados dominantes em choque com o outro.

Em meio a essas possibilidades inarticuladas em plena campanha eleitoral, abriu-se a crise mundial, em outubro de 1929. A crise não produziu a revolução, como uma espécie de curto-circuito em um sistema em pleno funcionamento, e é possível mesmo especular sobre a eventualidade da queda da República Velha, independentemente dela. Mas as contradições da economia cafeeira, das instituições que consagravam seu predomínio ganharam outra dimensão.

O fato de que a crise não tenha sido um fenômeno circunscrito ao final dos anos 1920, gerando problemas que se prolongaram, até com maior profundidade, após a Revolução de 1930, não elimina seu impacto na fase pré-revolucionária no âmbito econômico.[17] Os efeitos políticos não são constatáveis apenas pelas eleições de março de 1930, em que a exploração da situação econômica por parte da Aliança Liberal teve escasso rendimento. É necessário considerá-los em vários planos, especialmente em função do comportamento da burguesia cafeeira, no caso de um conflito aberto entre o governo e as oposições. A crise acelera as condições que possibilitaram o fim da supremacia da burguesia do café, ao produzir o desencontro entre a classe e seus representantes políticos. O conjunto da classe já não reconhece nesses representantes os quadros que, para além das reivindicações específicas, unificam o conjunto da nação, na medida de seus interesses.

Com o objetivo de manter a política financeira de estabilidade cambial e assegurar a continuidade da Caixa de Estabilização como um dos instrumentos dessa política, Washington Luís abandona a defesa do café, tentando ampliar consideravelmente as vendas no exterior, por meio da baixa de preços. As negativas do governo federal, de emitir para a defesa do produto, ou de conceder a moratória, suscitam um enorme descontentamento em São Paulo, onde se realiza, em dezembro de 1929, um Congresso de Lavradores convocado por todas as associações rurais (Sociedade Rural Brasileira, Sociedade Paulista de Agricultura, Liga Agrícola Brasileira). É nesse encontro que Alfredo Pujol, um dos representantes da Sociedade Paulista de Agricultura, levanta a palavra de ordem célebre na época: "O lema é a lavoura, hoje, com o governo. E, se não formos atendidos, amanhã será a lavoura sem o governo. E, depois, a lavoura contra o governo".[18] O clima de aberto descontentamento, em todas as reuniões, pode ser medido pela vaia que recebe um dos congressistas, ao ensaiar a defesa de Júlio Prestes.

Certamente, o desencontro não significa a passagem do velho setor cafeeiro para as oposições, como transparece das queixas do *Diário Nacional*, referindo-se aos agricultores que, por intermédio de um congresso ruidoso, ameaçaram céus e terras para se curvarem, afinal, arrependidos, num *mea culpa* humilhante.[19] Joaquim Sampaio Vidal, um dos líderes da oposição paulista e principal financiador do jornal partidário, filho do grande fazendeiro Bento Sampaio Vidal, expressa também seu desencanto dizendo que

> Quando o PD de São Paulo foi fundado, em 1926, não encontrou apoio nas classes produtoras ou conservadoras, embora em seu programa constassem itens de interesse dessas classes. Recentemente, no auge da crise financeira do café, no Congresso da Lavoura, reunião vibrante com caráter de assembleia de reivindicações, foi lançado o lema-desafio: "Hoje a lavoura com o governo. Se não formos atendidos, amanhã será a lavoura sem o governo, e depois a lavoura contra o governo". São passados apenas noventa dias e que resta daquele vulcão? Apenas o eco [...] e o sorriso irônico ainda nos lábios dos nossos políticos profissionais. [...] Das classes conservadoras nada podemos esperar. Não reagiram em 93. Não atenderam aos apelos de Rui em 1909 e 1919. Diante da formidável crise não lutaram em 1929. É no povo que está a nossa esperança. Depois que a massa anônima conseguir impor a

vontade eleitoral, então acreditaremos que as classes conservadoras comparecerão para disputar as posições. Por enquanto, é um peso morto, favorecendo inconscientemente aos profissionais da política.[20]

A "máquina" funciona nas eleições de março de 1930, dando a vitória à chapa Júlio Prestes-Vital Soares, mas o governo deixa de contar com sua base de sustentação para os momentos decisivos, como os acontecimentos de outubro iriam revelar. O contraste entre a frieza dos setores agrários paulistas em outubro de 1930 e sua ampla mobilização, em outro contexto, dois anos depois, é neste sentido um exemplo bastante revelador.

A crise alenta também os ressentimentos regionais, no instante em que desaba um sistema construído fundamentalmente em função dos interesses da burguesia cafeeira de São Paulo. Na Câmara Federal, a atitude da maioria, rejeitando um requerimento de informações ao governo acerca das medidas tomadas para enfrentar a crise, provoca uma longa discussão:

O sr. Eloy Chaves — Devia e era conveniente que no momento (o requerimento) fosse rejeitado.
O sr. Adolfo Bergamini — Como o foi.
O sr. Raul de Faria — Inconveniente por quê?
O sr. Eloy Chaves — [...] porque toda e qualquer discussão perturbaria os acontecimentos.
O sr. Adolfo Bergamini — Ora, essa! Então o estudo em torno da moléstia prejudica o doente?
O sr. Carvalhal Filho — A exploração prejudicaria.
O sr. Hugo Napoleão — 3005!
O sr. Adolfo Bergamini — De modo que só os benefícios são particulares de São Paulo e os malefícios são gerais, do resto do país.
O sr. Eloy Chaves — Os benefícios não são só de São Paulo, mas do Brasil inteiro.
O sr. Raul de Faria — Os sacrifícios são da nação inteira.
O sr. Adolfo Bergamini — Foi o preço eleitoral do café, fixado pela política paulista, que determinou esse fracasso, esse erro, pelo qual estão pagando 40 milhões de brasileiros.

O sr. Eloy Chaves — Pagando em quê? No beiço?
O sr. Adolfo Bergamini — Não, na algibeira.
O sr. Eloy Chaves — Só o povo de São Paulo tem suportado o sacrifício.
O sr. Adolfo Bergamini — Não apoiado; são 40 milhões de almas que sofrem os desmandos políticos de uma oligarquia nefasta.
O sr. Presidente — Atenção! Peço aos nobres deputados que permitam ao orador prosseguir em suas considerações.
O sr. Manoel Villaboim — A prosperidade de São Paulo é que dói aos apartistas...
O sr. Adolfo Bergamini — A prosperidade de São Paulo causa orgulho a todos nós...
O sr. Eloy Chaves — Mas não parece, às vezes.
O sr. Bergamini —... como causará a do Amazonas, a de Minas ou a de qualquer outro estado, porque todos somos brasileiros. Por isso mesmo é que doem, nos acabrunham, os inconvenientes e malefícios decorrentes de uma política que se acha em contradição com o sentimento nacional.
O sr. Eloy Chaves — Essa política é a de V. Excia., não a de São Paulo, que trabalha e produz.
O sr. Bergamini — É a de São Paulo, que trabalha e produz, mas tem em seu seio uma oligarquia que contraria os sentimentos dos próprios paulistas.
O sr. Joviniano de Castro — V. Excia. é apaixonado (soam os tímpanos).
O sr. Presidente — Atenção! Está com a palavra o sr. José Bonifácio.
O sr. Villaboim — Se há essa oligarquia, ela é constituída por verdadeiros brasileiros amantes de sua pátria.
O sr. Raul de Faria — A verdade é que todos os estados trabalham e produzem, na medida de suas forças.
O sr. Cardoso de Almeida — São Paulo sacrifica-se em benefício de todos os outros estados. (Não apoiados veementes da minoria; o sr. Presidente pede atenção.) Tem contraído todos os empréstimos com sacrifício, ao passo que Minas nada faz na defesa do café.
O sr. Raul de Faria — Não apoiado. As sugestões de Minas não foram sequer consideradas para adotar-se política errônea.

132

O sr. Américo Barreto — Minas não fez o menor sacrifício. (Continua a troca de apartes, estabelecendo-se o tumulto. O sr. Presidente faz soar os tímpanos, pedindo reiteradamente atenção.)[21]

Por outro lado, dentro do quadro mais amplo de toda a América Latina, a ocorrência de onze movimentos revolucionários, predominantemente militares, em apenas dois anos,[22] é bastante significativa. Não se pode reduzir esses movimentos a uma identidade que em nada elucidaria episódios de sentido diverso, como a Revolução de 1930 no Brasil, e o golpe do general José Uriburu, na Argentina. Porém, em sua base, está o desajuste provocado, nos países dependentes, pela crise mundial que atinge os preços dos produtos de exportação e impõe um novo arranjo interno, nas condições específicas de cada país.

A imprensa paulista de oposição, no curso do ano de 1930, reflete a nítida consciência de que uma onda de instabilidade varria a América Latina e o claro propósito de explorar os acontecimentos, em proveito das articulações revolucionárias. Insistia-se em estabelecer um paralelismo entre a situação brasileira e a queda de governos "que se divorciam da opinião pública", como os de Siles, Leguia, Irigoyen. A queda de Hipólito Irigoyen é especialmente utilizada como exemplo do verdadeiro caminho a ser seguido no Brasil. Na Argentina, "o povo apelou para as Forças Armadas, e estas, após os seus chefes formarem uma Junta governativa, declaram não aceitar a presidência da República nas eleições"; de fato, tornou-se mais delicada a missão das Forças Armadas: "não lhes cabe, apenas, preservar a pátria da invasão estrangeira e, na guerra do opróbrio das derrotas, senão também defender, com a justa compreensão a que a simples observação dos fatos nos leva, os direitos essenciais à existência de coletividades dignas e que desejam ser respeitáveis".[23]

A articulação revolucionária, que ganha forças entre marchas e contramarchas, após a derrota eleitoral da Aliança em março de 1930, nasce do esforço dos quadros jovens, tanto civis como militares. Sob esse aspecto, o corte de gerações tem algum significado, no entendimento do episódio. Os velhos oligarcas aceitam a tradicional recomposição, como se verifica pela famosa entrevista de Borges de Medeiros ao jornal *A Noite*, logo após as eleições, onde considera Júlio Prestes eleito e felizmente por margem bastante grande, de modo a evitar "discussões e sofismas". São os "tenentes" e homens como Virgílio de Melo Franco, Osvaldo Aranha, João Neves da Fontoura que dão impulso ao movimento revolucionário, conseguindo arrastar afinal as figuras tradicionais.[24]

A frente que derruba do poder Washington Luís compõe-se com a classe dominante de uma região cada vez menos vinculada aos interesses cafeeiros (Minas Gerais) e de áreas deles inteiramente desvinculadas (Rio Grande do Sul, Paraíba), contando com a adesão de uma parcela ponderável do aparelho militar do estado.

Sua base de apoio é representada por todas as forças sociais das regiões em dissidência e pelas classes médias dos grandes centros urbanos. O proletariado tem no episódio revolucionário uma "presença difusa". Certamente não intervém na revolução como classe, tomada a expressão em sentido estrito, isto é, como categoria social composta de indivíduos que não só exercem papel semelhante no processo produtivo, mas têm objetivos definidos de ação, oriundos de uma consciência comum do papel que desempenham neste processo e na sociedade. Entretanto, há indicações de que a massa operária simpatizava com os revolucionários, como se verifica por algumas manifestações — por exemplo, a adesão de operários do Brás ao cortejo de Getúlio, quando o candidato visita São Paulo[25] — e, pelo menos no Recife, é possível constatar uma participação limitada nos acontecimentos.

O êxito da Revolução de 1930 dependeu em essência do papel desempenhado pelos militares, mas o Exército não atuou como uma força homogênea, cuja iniciativa é determinada, hierarquicamente, a partir da cúpula. O setor militar mais dinâmico na articulação do movimento, representado pelos "tenentes", encontrava-se, a rigor, fora do aparelho militar do Estado, pois muitos de seus membros haviam sido afastados das fileiras do

Exército. No interior das Forças Armadas, enquanto os altos escalões estavam bastante divididos, alguns quadros situados entre estes e os "tenentes" — caso típico do general Góis Monteiro — assumiram o comando das operações, com amplo apoio da base.[26] Os núcleos fundamentais da conspiração, cuja importância política se projetou após o movimento, foram os "tenentes" e figuras mais integradas no sistema como Góis Monteiro e o então major Eurico Gaspar Dutra. A cúpula, mesmo quando em confabulação com os revolucionários, só interveio na luta no momento em que o peso da balança já pendia para estes, com o nítido propósito de funcionar como poder substitutivo e moderador. Tasso Fragoso, Bertoldo Klinger, Malan d'Angrogne, Leite de Castro executaram o golpe de 24 de outubro no Rio de Janeiro, "para prevenir excessos", e há sérios indícios de que pretendiam se perpetuar no governo. Klinger, pelo menos, manifestou-se abertamente neste sentido.

Por outro lado, a faculdade conferida aos estados, de organizar milícias, punha nas mãos das oligarquias regionais uma força delas diretamente dependente e retirava do Exército o monopólio da intervenção armada. No arranque inicial de 3 de outubro, no Rio Grande do Sul, a brigada militar e os chamados "provisórios" formaram um núcleo mais importante do que os próprios quadros do Exército. No Paraná e em Santa Catarina, a iniciativa partiu dos "irregulares".

Em síntese, a crise de hegemonia da burguesia cafeeira possibilita a rápida aglutinação das oligarquias não vinculadas ao café, de diferentes áreas militares onde a oposição à hegemonia tem características específicas. Essas forças contam com o apoio das classes médias e com a presença difusa das massas populares. Do ponto de vista das classes dominantes, a cisão ganha contornos nitidamente regionais, dadas as características da formação social do país (profunda desigualdade de desenvolvimento de suas diferentes áreas, imbricamento de interesses entre a burguesia agrária e a industrial nos maiores centros), e as divisões "puras" de fração — burguesia agrária, burguesia industrial — não se consolidam e não explicam o episódio revolucionário.[27] Isso se evidencia inclusive na presença, em campos opostos, de dois industrialistas como Simonsen e o gaúcho João Daudt de Oliveira, que mais tarde estariam reunidos nos órgãos representativos da indústria.

O ESTADO DE COMPROMISSO

A formação de uma frente constituída por forças de natureza diversa não responde, por si só, à questão de que classe ou fração substitui no poder a burguesia cafeeira. Francisco Weffort encontra a melhor resposta para o problema, caracterizando os anos posteriores a 1930 como o período em que

> nenhum dos grupos participantes pode oferecer ao Estado as bases de sua legitimidade: as classes médias porque não têm autonomia frente aos interesses tradicionais em geral; os interesses do café porque diminuídos em sua força e representatividade política por efeito da revolução, da segunda derrota em 1932 e da depressão econômica que se prolonga por quase um decênio; os demais setores agrários porque menos desenvolvidos e menos vinculados com as atividades de exportação que ainda são básicas para o equilíbrio do conjunto da economia.

Em tais condições, instala-se um compromisso entre as várias facções pelo qual "aqueles que controlam as funções de governo já não representam de modo direto os grupos sociais que exercem sua hegemonia sobre alguns dos setores básicos da economia e da sociedade".[28]

A possibilidade de concretização do Estado de compromisso é dada, porém, pela inexistência de oposições radicais no interior das classes dominantes e, em seu âmbito, não se incluem todas as forças sociais. O acordo se dá entre as várias frações da burguesia; as classes médias — ou pelo menos parte delas — assumem maior peso, favorecidas pelo crescimento do aparelho do Estado, mantendo, entretanto, uma posição subordinada. À margem do compromisso básico fica a classe operária, pois o estabelecimento de novas relações com a classe não significa qualquer concessão política apreciável.

Uma análise sumária dos primeiros sete anos do governo Vargas revela os traços essenciais dessa composição de forças. A burguesia do café é apeada do poder central, abrindo-se a partir daí uma espécie de longa renúncia das classes dominantes de São Paulo à instância política. Paulo de Moraes Barros, que acumula, nos primeiros momentos após o episódio revolucionário, as pastas da Agricultura e da Fazenda, não consegue firmar-se na constituição do Governo Provisório. José Maria Whitaker, submetido à pressão tenentista, depois de onze meses de gestão renuncia ao Ministério da Fazenda, em novembro de 1931. A própria entrega do Estado a seus representantes políticos só se realiza efetivamente após a Revolução de 1932. Isso não contradiz o fato de que Vargas tenha encontrado sempre vias para não cortar suas pontes com a burguesia paulista, por intermédio de figuras como José Carlos de Macedo Soares, Fernando Costa e mesmo, transitoriamente, Armando de Sales Oliveira.

Na área econômica, embora retire o comando dos negócios cafeeiros da esfera estadual, com o esvaziamento das funções do Instituto do Café do Estado de São Paulo e a criação do Conselho Nacional do Café (1931), mais tarde Departamento Nacional do Café (1933), o governo não pode deixar de atender aos interesses do setor, pois o café, ainda que em crise, continua a ser o núcleo fundamental da economia.[29] Sem dúvida, a política de destruição do produto pela queima, que se estende de junho de 1931 a julho de 1944, impõe restrições aos cafeicultores, mas impede um colapso total. Dentre as medidas tomadas por Vargas, visando a atenuar os problemas decorrentes da crise agrícola, a mais conhecida é a chamada Lei de Reajustamento Econômico (Decreto nº 23.533, de 1º de dezembro de 1933), pela qual foram reduzidos em 50% o valor de todos os débitos dos agricultores sujeitos a garantia real ou pignoratícia e os débitos de qualquer natureza a bancos e casas bancárias quando fosse de insolvência o estado do devedor, indenizando-se os credores com apólices do governo federal.[30] Os incentivos à diversificação da produção, como resposta à difícil situação econômica, ao mesmo tempo que acolhem as reivindicações das classes dominantes desvinculadas do núcleo cafeeiro e possibilitam uma saída para a própria agricultura paulista, não correspondem a uma identificação política imediata do governo com essas classes. Vargas não se curva às ameaças da Frente Única gaúcha, à pressão realizada por alguns de seus ministros como Lindolfo Collor e Maurício Cardoso, que renunciam às pastas do Trabalho e da Justiça, logo após o empastelamento do *Diário Carioca*, em fevereiro de 1932. Pelo contrário, se alguns integrantes da Frente Única tomam posição contra Vargas, na revolução daquele ano (Collor, João Neves, Borges), o destino do organismo é desintegrar-se diante da força crescente do poder central.

A instituição que garante a existência do Estado de compromisso é o Exército. Ele sustenta o regime não no caráter de "estrato protetor das classes médias", mas como liame unificador das várias frações da classe dominante. Aos olhos do general Góis Monteiro, as Forças Armadas aparecem como a concentração da nacionalidade, diante da incapacidade da opinião pública do país para se organizar em forças nacionais. Nessas condições, "o Exército e a Marinha terão que ser, naturalmente, núcleos construtores, apoiando governos fortes capazes de movimentar e dar nova estrutura à existência nacional porque só com a força é que se pode construir, visto que com a fraqueza só se constroem lágrimas". E não há dúvida de que tais governos deverão ser a expressão de uma "burguesia inteligente", que assimilou as lições da Primeira Guerra Mundial:

> O mundo, experimentando após a grande guerra a maior crise que se verificou para a civilização, engendrada pela burguesia, está nos dando, a cada passo, exemplos de como a burguesia de cada país tem se mostrado inteligente, até certo ponto, na maneira de compreender as causas, sobretudo da depressão econômica e

financeira e da depressão moral. Ela procura um meio mais racional e mais fácil de salvar-se, fazendo, para isso, o sacrifício mesmo de seus preconceitos de individualismo, ao consentir que o Estado se estabeleça sobre luzes mais sólidas e dirija a vida da coletividade com mais justiça no terreno social, no terreno jurídico, no terreno econômico. Não pode existir Exército disciplinado dentro de uma nação indisciplinada. Organização quer dizer disciplina, divisão de trabalho etc.[31]

Embora Vargas tenha se apoiado nos "tenentes" durante os primeiros anos da década de 1930, e algumas aberturas nacionalistas difusas se devam à influência destes, a consolidação do novo governo dependia da homogeneização do aparelho militar. Isso implicava a liquidação do tenentismo como força autônoma que, a cada passo, ameaçava corroer a disciplina, sem prescindir dos "tenentes" individualmente, e o combate às organizações radicais, cuja influência ideológica, por meio da figura de Prestes, crescia nas Forças Armadas. Esses objetivos foram perseguidos por alguns quadros militares, cujo representante exemplar foi Góis Monteiro, e implicaram a condenação do Clube 3 de Outubro à morte lenta. Escrevendo em 1934 sobre o Clube, diz o general Góis

que ele prestou alguns serviços decisivos ao Governo Revolucionário, enfrentando as organizações regionalistas. Mas a organização se desmoralizou pela indisciplina, exageros, demagogia. Quis intervir na vida íntima do Exército, ameaçando a disciplina, e o Exército o repeliu porque as questões do Exército só podem ser resolvidas por ele próprio. Agora transformou-se em órgão doutrinário, com um programa de ação muito razoável.[32]

O êxito da tarefa de homogeneização pode ser medido pela atitude de um político liberal como Armando de Sales Oliveira, às vésperas do golpe de 1937, apelando para o Exército, único instrumento capaz de garantir a realização de eleições e pelo próprio golpe que só se tornou possível porque o núcleo militar que o articulava (Góis, Dutra, Daltro Filho) assentava sua força em um organismo muito mais coeso do que aquele que interviera, sete anos antes, no episódio de outubro.

O Estado que emergiu da Revolução de 1930 manteve o papel fundamental de desorganizador político da classe operária, reprimindo duramente a vanguarda e suas organizações partidárias,[33] ao mesmo tempo que procurava estabelecer com o conjunto da classe um novo tipo de relações. A política de marginalização pura e simples realizada pelas velhas classes dominantes não tinha mais condições de se sustentar. Se na plataforma da Aliança Liberal já se encontravam os traços de um maior interesse pelo chamado problema social, as agitações operárias dos primeiros anos da década de 1930 acabaram por "sensibilizar" o governo em definitivo.

Na interventoria João Alberto eclodiu uma série de greves, a partir de novembro de 1930, destacando-se a da Companhia Nacional de Tecidos de Juta (2 400 operários) e da Metalúrgica Matarazzo (1 200 operários). A 25 de novembro daquele ano, o *Diário Nacional* calculava em 8 400 o total de grevistas, e o movimento abrangia 31 fábricas. No Rio de Janeiro, no curso de 1931, os trabalhadores têxteis paralisaram continuamente o trabalho, chegando a ocorrer a invasão dos escritórios da fábrica Nova América. Quando em São Paulo se abriu a crise da interventoria, com a renúncia de João Alberto, 30 mil operários saíram às ruas, atendendo a apelos de greve; em maio de 1932, eclodiram movimentos paredistas dos ferroviários da SPR, sapateiros, vidreiros, tecelões, padeiros, garçons.[34]

O governo Vargas instituiu, pouco a pouco, uma série de medidas tendentes a dar tratamento específico à questão — a partir da criação do Ministério do Trabalho, Indústria e Comércio (novembro de 1930) — e a proteger a força de trabalho, promover sua limitada organização econômica, incentivar o aproveitamento do operário nacional. O anacrônico padrão de relações, sintetizado na frase tantas vezes citada, "a questão social é uma questão de polícia", começou a ser substituído por outro que implicava o reconhecimento da existência da classe e visava a controlá-la com os instrumentos da representação profissional, dos sindicatos oficiais apolíticos e numericamente restritos.

Um bom exemplo da habilidade de manipulação ideológica, por parte dos dirigentes do Estado encontra-se na especulação com a origem dos trabalhadores, imediatamente após o movimento revolucionário. A gradativa preponderância quantitativa do operário brasileiro, como fruto da crescente migração interna, foi incentivada pela "lei de nacionalização do trabalho" (Decreto nº 19.482, de 12 de dezembro de 1930), estabelecendo a exigência de dois terços de empregados nacionais nas empresas e limitando a entrada no país de passageiros de terceira classe, o que provocou sensível declínio das correntes imigratórias. A medida tinha, sem dúvida, um fundamento objetivo nas condições do mercado de trabalho em face da crise mas, nos *consideranda* do decreto, o chefe do Executivo acentuava "que uma das causas do desemprego se encontra na entrada desordenada de estrangeiros, que nem sempre trazem o concurso útil de quaisquer capacidades, mas frequentemente contribuem para o aumento da desordem econômica e a insegurança social". Em janeiro de 1931, o ministro Lindolfo Collor diria claramente:

> Um dos fatores mais condenáveis da exploração do operário brasileiro e das injustiças contra ele cometidas é o operário estrangeiro que vem para o nosso país acossado pelas necessidades de seus países de origem, que toma o lugar do nacional que muitos patrões consideram economicamente inferior e, não satisfeito com isso, se entrega ainda a propagandas subversivas, francamente condenáveis à luz da dignidade nacional.[35]

O novo governo tinha consciência de que existia uma área aberta à penetração política, nas camadas mais recentes de trabalhadores, vindas do campo ou de pequenas cidades do interior, ainda não "contaminadas" pela ideologia do proletariado de origem estrangeira. Este, sob a influência das ideias socialistas e pela experiência de luta ao longo da República Velha, identificava no Estado "a cristalização política do inimigo de classe".

O Estado de compromisso, expressão do reajuste nas relações internas das classes dominantes, corresponde, por outro lado, a uma nova forma de Estado, que se caracteriza pela maior centralização,[36] o intervencionismo ampliado e não restrito apenas à área do café,[37] o estabelecimento de certa racionalização no uso de algumas fontes fundamentais de riqueza pelo capitalismo internacional (Código de Minas, Código de Águas).

A maior centralização é facilitada pelas alterações institucionais que põem fim ao sistema oligárquico, o que não se confunde com o fim das oligarquias. Intocadas em suas fontes de poder, estas subsistem como força local, embora possa haver a troca de grupos ligados ao "antigo regime", por outros situados na oposição. Entretanto, as oligarquias se subordinam agora ao poder central, com a perda do controle direto dos governos dos estados, onde são instalados interventores federais.

As necessidades de um Estado "que se abre a todas as pressões sem se subordinar diretamente a nenhuma delas", em meio a uma situação financeira difícil, conduzem a essa alteração de forma. Enfrentar os graves problemas da década de 1930 com as velhas práticas da burguesia cafeeira era uma tarefa impossível.

Do ponto de vista ideológico, os quadros dirigentes tendem a abandonar as fórmulas liberais, considerando-as francamente superadas, não obstante o fato de que o compromisso se instale também nesse nível, como se verifica pelos dispositivos da Constituição de 1934. A mudança vincula-se à influência das ideias autoritárias, à atração pelo fascismo, que lenta, mas seguramente, penetra nas classes dominantes nos anos 1920, vindo à tona após a Revolução de 1930.

Para espanto dos liberais, o próprio Getúlio Vargas chegara a dizer, em discurso anterior ao movimento revolucionário que "a minha diretriz no governo do Rio Grande[...] se assemelha ao direito corporativo ou organização das classes promovida pelo fascismo, no período da renovação criadora que a Itália atravessa". Em setembro de 1933, falando na Paraíba, acentuaria que

representa fato incontroverso — e os constituintes terão de levá-lo em conta — a decadência da democracia liberal e individualista e a preponderância dos governos de autoridade, em consequência do natural alargamento do poder de intervenção do Estado, imposto pela necessidade de atender a maior soma de interesses coletivos e de garantir estavelmente, com o recurso das compressões violentas, a manutenção da ordem pública, condição essencial para o equilíbrio de todos os fatores preponderantes no desenvolvimento do progresso social.

Por sua vez, o condestável do regime — general Góis Monteiro — aconselharia os "tenentes" a amoldar seu pensamento político "num fascismo nacionalista".

> Fascismo brasileiro, nosso, com o intuito de fortalecer a unidade pátria, satisfeita a representação de classes a que tende o socialismo moderno. Não seria um fascismo à Mussolini, um fascismo mediterrâneo. Mas, de toda forma, um fascismo baseado no fortalecimento do Estado, pela contribuição dos princípios fundamentais de cada classe, bem definidas e atendidas pela administração dos negócios públicos.[38]

Quando discuti a versão historiográfica que estabelece conexões entre os processos de industrialização e a Revolução de 1930, disse que não elimino certo grau de verdade nela existente. Não se trata, como vimos, de interpretar o episódio em termos de ascenso ao poder da burguesia industrial, sob o prisma da intervenção direta do setor, ou da "revolução promovida do alto". As conexões se estabelecem ao longo do tempo, indiretamente, seja pela forma que assume o Estado, seja pela separação que se dá, após 1930, entre centro economicamente dominante (São Paulo) e comando político.

A nova forma de Estado — mais centralizado, intervencionista — é uma condição básica para a expansão das atividades industriais, mesmo quando deformada e submetida ao capital externo. Por outro lado, as tentativas frustradas de desenvolvimento autônomo do fim do segundo período Vargas (1950-1954), só se tornam possíveis no quadro da separação apontada.

Tendo em vista as características da burguesia nacional dos países dependentes, foi necessário que o núcleo dominante do ponto de vista econômico — onde a burguesia industrial fez grandes progressos, a partir dos anos 1930 — perdesse o comando do Estado, para que este se abrisse aos grupos técnicos da nova classe média, à influência de setores militares, que deram forma a algumas medidas conducentes ao desenvolvimento autônomo (Petrobras, Eletrobras), sob a pressão dos movimentos populares.

NOTAS

(1) Andrew Gunder Frank, *op. cit*., e Caio Prado Jr., *A revolução brasileira*, São Paulo, Brasiliense, 1966.

(2) Celso Furtado, *Formação econômica do Brasil*, Rio de Janeiro, Ed. Fundo de Cultura, 1959, pp. 237 e ss.

(3) Warren Dean, *op. cit.*

(4) Antônio Delfim Netto, *O problema do café no Brasil*, São Paulo, Faculdade de Ciências Econômicas e Administrativas da USP, 1959, pp. 65 e ss. Caio Prado Júnior, *História econômica do Brasil*, 4ª ed., São Paulo, Brasiliense, 1958, pp. 237 e ss.

(5) Como diz Vitor Nunes Leal, "para que aos governadores, e não aos 'coronéis', tocasse a posição mais vantajosa na troca de serviços, o meio técnico-jurídico mais adequado foram justamente as limitações à autonomia das comunas". Vitor Nunes Leal, *Coronelismo, enxada e voto*, Rio de Janeiro, Rev. Forense, 1948, p. 69.

(6) O paraibano Epitácio Pessoa, em 1921, veio em socorro dos cafeicultores, realizando a segunda operação valorizadora; em outubro daquele ano, enviou mensagem ao Congresso em que sugeria a instituição da defesa permanente do produto.

(7) A "representação direta" dos interesses cafeeiros, por parte do Estado, não elimina certo grau de autonomia deste. A propósito, Eduardo Kugelmas, estudioso do primeiro período da história republicana, lembra o exemplo do presidente paulista Rodrigues Alves, que resiste às pressões da cafeicultura de São Paulo, no sentido de obter o apoio do Executivo federal, para que se pusesse em prática o Convênio de Taubaté.

(8) Juarez Távora, *op. cit*., vol. III, p. 331.

(9) "Muitos militares e civis, remanescentes das últimas rebeldias, vinham do exílio em países do Prata e lá se haviam impregnado das ideias comunistas, que os agentes da Rússia soviética não se cansam de divulgar. Donde um estado de espírito propenso à destruição dos mais fortes laços sociais (políticos e religiosos) e ao desrespeito à subordinação hierárquica, em resumo, uma ânsia incoercível de gozo e liberdade sem freio. Isto me aterrava. Certos fatos poste-

riores demonstraram os fundamentos das minhas preocupações. O que se passou no Exército é exemplo característico. Se não chegamos a ter os *comitês de soldados e marinheiros*, tivemos o domínio dos tenentes. O projeto, concebido por alguns destes, para afastar do exército ativo todos os generais, como incompetentes e suspeitos, patenteia as convicções de que se achavam possuídos." Cf. Tristão e Alencar Araripe, *Tasso Fragoso: um pouco da história de nosso Exército*, Rio de Janeiro, Bibl. do Exército, 1960, pp. 588-9.

(10) Francisco Weffort, *op. cit.*, pp. 45 e ss.

(11) Antônio Delfin Netto, *op. cit.*, São Paulo, Fac. de Ciências Econômicas e Administrativas da USP, 1959, p. 111.

(12) O Decreto nº 16.419, de 19 de março de 1924, tinha por objetivo enfrentar a carestia de gêneros destinados à alimentação, prevendo inclusive a possibilidade de o Ministério da Agricultura requisitar e desapropriar ou adquirir tais gêneros no exterior.

(13) Azevedo Lima, *Reminiscências de um carcomido*, Rio de Janeiro, Leo, 1958, pp. 89 e ss.

(14) Antônio Delfim Netto, *op. cit.*, e Affonso d'E. Taunay, *Pequena história do café no Brasil*, Rio de Janeiro, DNC, 1945.

(15) *Diário do Congresso Nacional*, 30-8-29.

(16) *Diário Nacional*, 22-8-29.

(17) Os preços do café, em Santos, que haviam sido da ordem de 33$500 por dez quilos para o Santos tipo 4, em 1928 e até outubro de 1929 caíram para 20$750 em dezembro e já estavam em 15$500 em dezembro de 1930. Em Nova York, os preços do mesmo produto caíram de 22,4 cents/libra peso, em setembro de 1929, para 15,2 em dezembro e 10,5 em dezembro de 1930. Antônio Delfim Netto, *op. cit.*, p. 131.

(18) *Diário Nacional*, 3-12-29.

(19) *Diário Nacional*, 20-5-30.

(20) *Diário Nacional*, 18-3-30.

(21) *Diário do Congresso Nacional*, 28-11-29.

(22) Argentina (setembro, 1930); Brasil (outubro, 1930) ; Chile (junho, 1932); Equador (agosto, 1931; outubro, 1931 e agosto, l932); Peru (agosto, 1930 e fevereiro/março, 1931); Bolívia (junho, 1930); República Dominicana (fevereiro, 1930); Guatemala (dezembro, 1930); cf. José Nun, *cit.*

(23) *Diário Nacional*, 7-12-30, 12-9-30.

(24) Em 1927, o *Diário Nacional* já se referia aos "jovens turcos" gaúchos, que não acreditavam no PD de São Paulo e estavam certos de tomar conta da política nacional, após a eleição de Vargas para presidente do Rio Grande do Sul. E profetizava: "No Rio Grande do Sul é que estão os ministros e os presidentes do futuro. O Collor, o Osvaldo Aranha, o Sérgio de Oliveira, o Osvaldo Pinto, o Flores da Cunha". *Diário Nacional*, 26-11-27.

(25) Paulo Nogueira Filho, *Ideais e lutas de um burguês progressista*, 2ª ed., Rio de Janeiro, J. Olympio Ed., 1965, 2º vol., p. 405.

(26) Um militar adversário dos revolucionários reconhece que estes tinham o apoio dos sargentos, "em mais íntimo contato com a massa popular e mais expostos às influências do meio". Estêvão Leitão de Carvalho, *Dever militar e política partidária*, São Paulo, Cia. Ed. Nacional, 1959, p. 185.

(27) Na discussão da elevação de tarifas que incidiam sobre a linha de coser importada se evidencia o peso de uma reivindicação quando formulada a partir de uma área desenvolvida. O deputado anti-industrialista Adolfo Bergamini, referindo-se à rápida aprovação do projeto, diz que tudo se conseguiu porque a Machine Cotton de São Paulo o exigiu. Quando, no governo do sr. Bernardes, "de torturante memória", uma fábrica de linhas de Alagoas, "dos herdeiros de Belmiro de Gouveia", pretendeu o favor, nada conseguiu. *Diário do Congresso Nacional*, 27-12-28.

(28) Francisco Weffort, *op. cit.*, pp. 72 e ss.

(29) O café, que representara em 1929 e 1930, respectivamente, 70,9 e 62,6% do valor das exportações brasileiras, concorre, nos anos subsequentes, para o valor dessas exportações, do seguinte modo:
1931 — 68,8%
1932 — 71,6%
1933 — 73,1%
1934 — 60,7%
1935 — 52,6%
1936 — 45,5%
1937 — 42,1%

Observe-se que a queda das exportações, a partir de 1934, não resulta da diminuição da produção (a produção média entre 1931-35 foi de 24 674 752 sacas contra 26 284 100 em 1936), mas da perda de mercados, em consequência da política de defesa de preços do produto. Ministério das Relações Exteriores, *Brasil — 1935*, Rio de Janeiro, 1935, e Ministério das Relações Exteriores, *Brasil 1939-1940*, Rio de Janeiro, 1940.

(30) Abguar Bastos levanta uma hipótese importante, sujeita a maior verificação, de que o decreto não objetivava socorrer os produtores, mas atender os grupos financeiros ligados ao ramo. De fato, há sérios indícios de que a defesa do café não significou a defesa do pequeno e médio produtor, mas dos grandes empresários e dos grupos financeiros, frequentemente interligados. Abguar Bastos, *op. cit.*, p. 50.

(31) Pedro Aurélio de Góis Monteiro, *A Revolução de 30 e a finalidade política do Exército*, Rio de Janeiro, Adersen, s. d., pp. 156-7.

(32) Góis Monteiro, *op. cit.*, p. 199.

(33) A repressão se estabeleceu desde o início do novo governo quando as forças de esquerda tentaram realizar um comício no Rio de Janeiro, em janeiro

de 1931. Várias pessoas foram detidas, entre elas os irmãos Fernando e Paulo de Lacerda (este preso em Santos), tendo-se cogitado de seu confinamento em Fernando de Noronha.

Pouco depois, os jornais noticiavam que o governo cogitava de contratar dois técnicos americanos para estudar um sistema de policiamento eficaz para pôr um dique ao comunismo. *O Estado de S. Paulo*, 20-1--31 e 6-3-31.

(34) *Diário Nacional*, 25-11-30. *O Estado de S. Paulo*, 3-3-31. *Diário Nacional*, 19-7-31.

(35) *O Estado de S. Paulo*, 25-1-31.

(36) Vejam-se por exemplo, os dispositivos do "Código dos Interventores" (Decreto 20.348, de 29-8-31), vedando aos estados contrair empréstimo externo sem a autorização do Governo Provisório; gastar mais de 10% da despesa ordinária com os serviços da polícia militar; dotar as polícias estaduais de artilharia e aviação ou armá-las em proporção superior ao Exército.

(37) Lembrem-se, em áreas diversas, as medidas de incentivo ao consumo de produtos nacionais, a limitação às importações de trigo, a criação do Conselho Federal do Comércio Exterior, o monopólio do câmbio pelo Banco do Brasil.

(38) *Diário Nacional*, 11-8-29. Getúlio Vargas, *op. cit.*, vol. II, p. 150. *Diário Nacional*, 21-1-32.

CONCLUSÃO

A Revolução de 1930 põe fim à hegemonia da burguesia do café, desenlace inscrito na própria forma de inserção do Brasil, no sistema capitalista internacional. Sem ser um produto mecânico da dependência externa, o episódio revolucionário expressa a necessidade de reajustar a estrutura do país, cujo funcionamento, voltado essencialmente para um único gênero de exportação, se torna cada vez mais precário.

A oposição ao predomínio da burguesia cafeeira não provém, entretanto, de um setor industrial, supostamente interessado em expandir o mercado interno. Pelo contrário, dadas as características da formação social do país, na sua metrópole interna há uma complementaridade básica entre interesses agrários e industriais, temperada pelas limitadas fricções. Ao momento de reajuste do sistema, por isso mesmo, não corresponde o ascenso ao poder do setor industrial, seja de modo direto, seja sob a forma da "revolução do alto", promovida pelo Estado.

A burguesia cafeeira se constitui ao longo da Primeira República como única classe nacional, no sentido de que só ela reúne condições para articular formas de ajustamento e integrar assim o país, na medida de seus interesses. Em face dela, não emerge nenhuma classe ou fração com semelhante força, capaz de oferecer uma alternativa econômica e política viável. A disputa, no interior das classes dominantes, tem a forma de um embate regional, mitigado pelos próprios limites da contestação.

Tendo-se em vista a passividade da massa rural, quebrada somente por explosões importantes, mas desprovidas de conteúdo político (Canudos, Contestado), os limites de intervenção do proletariado, a heterogeneidade das classes médias, dependentes em regra dos núcleos "tradicionais", o elo mais fraco do sistema é constituído pelo Exército e, no seu interior, pelos "tenentes".

Na década de 1920, o tenentismo é o centro mais importante de ataque ao predomínio da burguesia cafeeira, revelando traços específicos, que não podem ser reduzidos simplesmente ao protesto das classes médias. Se a sua contestação tem um conteúdo moderado, expresso em um tímido programa modernizador, a tática posta em prática é radical e altera as regras do jogo, com a tentativa aberta de assumir o poder pelo caminho das armas. Sob esse aspecto, embora inicialmente isolado, o movimento tenentista está muito à frente de todas as oposições regionais, ao iniciar a luta, em julho de 1922.

O agravamento das tensões no curso da década de 1920, as peripécias eleitorais das eleições de 1930, a crise econômica propiciam a criação de uma frente difusa, em março/outubro de 1930, que traduz a ambiguidade da resposta à dominação da classe hegemônica: em equilíbrio instável, contando com o apoio das classes médias de todos os centros urbanos, reúnem-se o setor militar, agora ampliado com alguns quadros superiores, e as classes dominantes regionais.

Vitoriosa a revolução, abre-se uma espécie de vazio de poder, por força do colapso político da burguesia do café e da incapacidade das demais frações de classe para assumi-lo, em caráter exclusivo. O Estado de compromisso é a resposta para essa situação. Embora os limites da ação do Estado sejam ampliados para além da consciência e das intenções de seus agentes, sob o impacto da crise econômica, o novo governo representa mais uma transação no interior das classes dominantes, tão bem expressa na intocabilidade sagrada das relações sociais no campo.

Mas o reajuste, obtido após um doloroso processo de gestação — marcado pela Revolução de 1932, a Ação Integralista, a liquidação do tenentismo como movimento autônomo, a Aliança Nacional Libertadora e a tentativa insurrecional de 1935 —, significa uma guinada importante no processo histórico brasileiro. A mudança das relações entre o poder estatal e a classe operária é a condição do populismo; a perda do comando político pelo centro dominante, associada à nova forma de Estado, possibilita, a longo prazo, o desenvolvimento industrial, no marco do compromisso; as Forças Armadas tornam-se um fator decisivo como sustentáculo de um Estado que ganha maior autonomia em relação ao conjunto da sociedade.

Na descontinuidade de outubro de 1930, o Brasil começa a trilhar enfim o caminho da maioridade política. Paradoxalmente, na mesma época em que tanto se insistia nos caminhos originais autenticamente brasileiros para a solução dos problemas nacionais, iniciava-se o processo de efetiva constituição das classes dominadas, abriam-se os caminhos nem sempre lineares da polarização de classes, e as grandes correntes ideológicas que dividem o mundo contemporâneo penetravam no país.

Como disse Tristão de Ataíde, escrevendo em março de 1935, "são outros os elementos em jogo, no cenário de hoje, em contraste com o de 1930. Em cinco anos de revolução, caminhamos mais, politicamente, que em meio século de xadrez liberal. Mas não no sentido da solução dos nossos problemas. Apenas no da fixação das forças em jogo, agora infinitamente mais consideráveis, poderosas, conscientes e unidas que em 1930. O outubrismo foi, de certo modo, uma infância do jogo revolucionário. Sua falência, portanto, é uma maioridade".[1]

---

(1) Alceu de Amoroso Lima, *Indicações políticas. Da Revolução à Constituição*, Rio de Janeiro, Civilização Brasileira, 1936, p. 242.

FONTES CITADAS

Anais

Anais da Assembleia Nacional Constituinte (1934).
Anais da Câmara dos Deputados (1924-1930).
Anais do Senado Federal (1924-1930).
Diário do Congresso Nacional (1927-1930).

Dados estatísticos

Almanaque *The World* (1928).
Annuaire du Brésil (1928), Paris, 1928.
Ministério da Agricultura, Indústria e Comércio, *O Brasil atual*, Rio de Janeiro, 1930.
Ministério das Relações Exteriores, *Brasil-1935*, Rio de Janeiro, 1935.
Ministério das Relações Exteriores, *Brasil-1939/1940*, Rio de Janeiro, 1940.
Recenseamento do Brasil, 1920.
Secretaria da Agricultura, Indústria e Comércio do Estado de São Paulo, *Estatística industrial do estado de São Paulo*, São Paulo, Tip. Garraux, 1930.

Jornais

Correio Paulistano
Diário Nacional
O Estado de S. Paulo

Leis

Coleção de Leis do Brasil (1922-1937).

BIBLIOGRAFIA

LIVROS E ARTIGOS

Almeida, João Pio de, *Borges de Medeiros*, Porto Alegre, Globo, 1928.
Alves, Eustáquio, *Misérias da política*, Rio de Janeiro, Alba, 1933.
Amado, Jorge, *Vida de Luís Carlos Prestes*, São Paulo, Livraria Martins Ed., 1945.
Araripe, Tristão de Alencar, *Tasso Fragoso: um pouco da história do nosso Exército*, Rio de Janeiro, Bibl. do Exército, 1960.
———, *O bacharel Epitácio Pessoa e o glorioso levante militar de 5 de julho de 1922. O depoimento do sr. tenente coronel Frutuoso Mendes*, Rio Grande do Sul, 1922.
Baer, Wernwe, *A industrialização e o desenvolvimento econômico do Brasil*, Rio de Janeiro, Fundação Getúlio Vargas, 1966.
Barbosa, Francisco de Assis, *Juscelino Kubitschek, uma revisão na política brasileira*, Rio de Janeiro, J. Olympio Ed., 1960.
Barros, João Alberto Lins e, *Memórias de um revolucionário*, Rio de Janeiro, Civilização Brasileira, 1953.
Basbaum, Leôncio, *História sincera da República*, Rio de Janeiro, Livr. São José, 1958.
Bastos, Aguiar, *Prestes e a revolução social*, Rio de Janeiro, Calvino, 1946.
Beilguelman, Paula, "A propósito de uma interpretação da História da República", in *Revista Civilização Brasileira*, nº 9/10 (setembro/novembro 1966).
Camargo, Aires de, *Patriotas paulistas na Coluna Sul*, São Paulo, Livr. Liberdade, 1925.
Cardoso, Fernando Henrique, *Empresário industrial e desenvolvimento econômico*, São Paulo, Difusão Europeia do Livro, 1964.
Carneiro, Glaúcio, *O revolucionário Siqueira Campos*, Rio de Janeiro, Gráf. Record, 1966.

Carone, Edgard, *A Primeira República*, São Paulo, Difusão Europeia do Livro, 1969.

Carvalho, Estêvão Leitão de, *Dever militar e política partidária*, São Paulo, Cia. Ed. Nacional, 1959.

Carvalho, J. Nunes de, *A revolução no Brasil*, Buenos Aires, 1925.

Castro, Sertório de, *Diário de um combatente desarmado*, São Paulo, J. Olympio Ed., 1934.

Cunha, Temístocles, *No país das Amazonas, a revolta de 23 de julho*, Bahia, Livr. Catilina, 1925.

Dean, Warren, "The Beginnings of Industrialization in São Paulo" (datilografado).

Delfim, Antônio (Netto), *O problema do café no Brasil*, São Paulo, Fac. de Ciências Econômicas e Administrativas da USP, 1959.

Duarto, Paulo, *Agora nós!*, São Paulo, s. c. p., 1927.

——, *El movimiento revolucionario latinoamericano*, Buenos Aires, SSA da I.C., 1929.

Fernandes, Aníbal, *Pernambuco no tempo do "Vice-Rei"*, Rio de Janeiro, Schmidt, s. d.

Figueiredo, Antônio dos Santos, *1924: episódios da revolução de São Paulo*, Porto, Empresa Industrial Gráfica, s. d.

Fontoura, João Neves da, *Memórias*, Porto Alegre, Globo, 1963.

Franco, Afonso Arinos de Melo, *Um estadista da República*. (*Afrânio de Melo Franco e seu tempo*). Rio de Janeiro, J. Olympio Ed., 1955.

Frank, Andrew Gunder, "Capitalist Development and Underdevelopment in Brazil" in *Capitalism and Underdevelopment in Latin America*. Nova York, Monthly Review Press, 1967.

Furtado, Celso, *Formação econômica do Brasil*, Rio de Janeiro, Ed. Fundo de Cultura, 1959.

——, "De l'oligarchie à l'Etat militaire", in *Les Temps modernes*, nº 257 (outubro, 1967).

Godinho, Wanor R. e Osvaldo S. Andrade, *Constituintes brasileiros de 1934*. Rio de Janeiro, s. c. p. e s. d.

Guilherme, Wanderley, *Introdução ao estudo dos contradições sociais no Brasil*, Rio de Janeiro, ISEB, 1963.

Henriques, Affonso, *Ascensão e queda de Getúlio Vargas*, Rio de Janeiro, Distr. Record, 1966.

Horta, Cid Rebelo, "Famílias governamentais de Minas Gerais", in *Segundo Seminário de Estudos Mineiros — 1956*. Belo Horizonte, Imprensa da UMG, s. d.

Jaguaribe, Hélio, *Desenvolvimento econômico e desenvolvimento político*. Rio de Janeiro, Ed. Fundo de Cultura, 1962.

Jardim, Renato, *A aventura de outubro e a invasão de São Paulo*, 3ª ed., Rio de Janeiro, Ed. Civilização Brasileira, s. d.

Lacerda, Fernando, Prestes, Luís Carlos e Sinani, *A luta contra o prestismo e a revolução agrária e anti-imperialista*, Brasil, 1934.

Leal, Vitor Nunes, *Coronelismo, enxada e voto*, Rio de Janeiro, Rev. Forense, 1948.

Lima, Alceu Amoroso (Tristão de Ataíde), *Indicações políticas. Da Revolução à Constituição*. Rio de Janeiro, Civilização Brasileira, 1938.

Lima, Barbosa (Sobrinho), *A Verdade sobre a revolução de outubro*, Rio de Janeiro, Ed. Unitas, 1933.

Lima, Lourenço Moreira, *Marchas e combates*, Pelotas, Globo, 1931.

Marini, Ruy Mauro, "A dialética do desenvolvimento capitalista no Brasil", in "Perspectivas da situação político-econômica brasileira" (datilografado).

Marx, Karl, *Le 18-Brumaire de Louis Bonaparte*. Paris, Ed. Sociales, 1949.

Monteiro, Pedro Aurélio de Góis, *A Revolução de 30 e a finalidade política do Exército*, Rio de Janeiro, Adersen, s. d.

Nogueira, Paulo (Filho), *Ideais e lutas de um burguês progressista. O Partido Democrático e a Revolução de 1930*, São Paulo, Ed. Anhambi, 1958.

———, *Ideais e lutas de um burguês progressista. A guerra Cívica — 1932*, Rio de Janeiro, J. Olympio Ed., 1965.

Nun, José, "Amérique Latine: la crise hégémonique et le coup d'État militaire", in *Sociologie du Travail*, nº 3/67.

Oliveira, Clóvis de, *A indústria e o movimento constitucionalista de 1932*, São Paulo, CIESP-FIESP, 1956.

Pereira, Astrogildo, *Formação do PCB*, Rio de Janeiro, Ed. Vitória, 1962.

Polícia de São Paulo, *Movimento subversivo de julho*, 2ª ed., São Paulo, Tip. Garraux, 1925.

Poulantzas, Nicos, *Pouvoir politique et classes sociales*, Paris, F. Maspero, 1968.

Prado, Caio (Júnior), *História Econômica do Brasil*, São Paulo, Ed. Brasiliense, 1956.

———, *A revolução brasileira*, Brasiliense, São Paulo, l966.

Ramos, Guerreiro, *A crise do poder no Brasil*, Rio de Janeiro, Ed. Zahar, 1961.

Santa Rosa, Virgínio, *O sentido do tenentismo*, Rio de Janeiro, Schmidt. 1933.

Silva, Gastão Pereira da, *Brigadeiro Eduardo Gomes*, Rio de Janeiro, Ed. Panamericana, 1945.

Silva, Hélio, *1933 — A crise do tenentismo*, Rio de Janeiro, Civilização Brasileira, 1968.

Simonsen, Roberto, *Evolução industrial do Brasil*, São Paulo, Rev. dos Tribs., 1939.

———, *A Indústria em face da economia nacional*, São Paulo, Rev. dos Tribs., 1937.

Singer, Paul, *Desenvolvimento econômico e evolução urbana*, São Paulo, Cia. Ed. Nacional, 1969.

Sodree, Alcindo, *A gênese da desordem*, Rio de Janeiro, Ed. Schmidt, s. d.

Sodré, Nelson Werneck, *Formação histórica do Brasil*, 2ª ed., São Paulo, Brasiliense, 1963.

——, *História da burguesia brasileira*, Rio de Janeiro, Civilização Brasileira, 1964.

——, *História militar do Brasil*, Rio de Janeiro, Civilização Brasileria, 1965.

Stavenhagen, Rodolfo, "Seven Fallacies about Latin America", in *Latin America — Reform or Revolution*, Nova York, Fawcett, 1968.

Stein, Stanley, *The Brazilian cotton manufacture: Textile enterprise in an underdeveloped area 1850-1950*, Cambridge, Harvard Univ. Press, 1957.

Távora, Juarez, *À guisa de depoimento*, Rio de Janeiro, O Combate, 1927-28.

Torres, Alberto, *A organização nacional*, Rio de Janeiro, Imprensa Nacional, 1914.

Vargas, Getúlio, *A nova política do Brasil*, Rio de Janeiro, José Olympio Ed., 1938.

Viana, Francisco José de Oliveira, *Problemas de política objetiva*, 2ª ed., São Paulo, Cia. Ed. Nacional, 1947.

Villeroy, Augusto Ximeno de, *Benjamin Constant e a política republicana*, Rio de Janeiro, s. c. p., 1928.

Weffort, Francisco C., *Classes populares e política*, São Paulo, Fac. de Filosofia Ciências e Letras da USP, 1968.

SOBRE O AUTOR

Nascido em São Paulo a 8 de dezembro de 1930, formou-se bacharel em Direito pela Faculdade do Largo de São Francisco em 1953. Em 1967 graduou--se em História pela USP com a tese *A Revolução de 1930: historiografia e história*, posteriormente publicada pela Brasiliense. Dando continuidade ao esforço de revisão historiográfica iniciado na tese de doutoramento, escreveu nos anos seguintes vários ensaios acerca do período republicano imediatamente anterior à Revolução de 1930. Em meados da década de 70, deu início a pesquisas no campo até então pouco explorado da História Social brasileira. Dessas pesquisas resultaram dois livros: *Trabalho urbano e conflito social* (Difel, 1975), originalmente escrito como tese de livre-docência, e *Crime e cotidiano* (Brasiliense, 1984). Seus livros mais recentes são *História do Brasil* (Edusp, 1995), *Negócios e ócios* (Companhia das Letras, 1997), *Getúlio Vargas — O poder e o sorriso* (Companhia das Letras, 2006), *O crime do restaurante chinês* (Companhia das Letras, 2009) e *Memórias de um historiador de domingo* (Companhia das Letras, 2010). Atualmente é professor do Departamento de Ciência Política da USP.

16ª EDIÇÃO [1997] 8 reimpressões

ESTA OBRA FOI COMPOSTA PELA HELVÉTICA EDITORIAL EM TIMES E
IMPRESSA PELA GEOGRÁFICA EM OFSETE SOBRE PAPEL ALTA ALVURA
DA SUZANO S.A. PARA A EDITORA SCHWARCZ EM MAIO DE 2023

A marca FSC® é a garantia de que a madeira utilizada na fabricação do papel deste livro provém de florestas que foram gerenciadas de maneira ambientalmente correta, socialmente justa e economicamente viável, além de outras fontes de origem controlada.